GUIDE

DANS

LES ENVIRONS

DE PARIS

IMPRIMERIE DE J. CLAYE,
RUE SAINT-BENOIT, 7.

GUIDE

DANS

LES ENVIRONS

DE PARIS

PARIS
PAULIN ET LE CHEVALIER
RUE RICHELIEU, 60
—
1855

Vu les traités internationaux, les éditeurs se réservent le droit
de reproduction et de traduction à l'étranger.

GUIDES ILLUSTRÉS A 1 FRANC.

GUIDE

DANS LES

ENVIRONS DE PARIS

AVANT-PROPOS.

Les environs de Paris représentent un des chapitres les plus animés et les plus intéressants des excursions du touriste. Quand on commence à connaître à fond notre belle capitale, qu'on est au fait des musées, des monuments, des rues, des places, de tous les détails de l'intérieur, on se trouve tout naturellement entraîné à franchir le mur d'enceinte; on se met à parcourir ces localités si gracieuses, ces villages, ces bois, ces beaux sites, ces promenades à l'infini qui entourent la grande ville, et qui deviennent en été le but de tant de charmantes pérégrinations.

On a dit depuis bien longtemps qu'il ne manquait à la campagne des environs de Paris que d'être plus éloignée de Paris, de se trouver moins à la portée de tout le monde pour jouir de ce genre de renommée que possèdent tant d'autres pays qui ont surtout le mérite de l'éloignement.

Il est certain qu'on va souvent bien loin pour chercher des paysages et des points de vue ; on se rend à grands frais en Suisse, dans les Pyrénées, en Allemagne, partout, sans songer que l'on a sous la main, et, on peut le dire, à sa porte même, mille perspectives charmantes, pleines d'imprévu, de grâce, de fraîcheur et de vie, qui ne demanderaient, pour être appréciées à leur valeur, qu'à être vues à travers l'optique d'une distance de cent à deux cents lieues.

Cependant, depuis l'établissement des chemins de fer, on peut dire que la campagne parisienne a beaucoup gagné dans l'opinion de tous. Les étrangers, les habitants de Paris eux-mêmes, ont appris à l'aimer ; ils ont fini par en goûter les agréments et même par en vanter les beautés si réelles.

On a reconnu qu'il y avait, après tout, fort peu d'endroits au monde plus beaux, plus frais, plus attrayants que Meudon, Ville d'Avray, Saint-Cloud, Vincennes, Marly, Compiègne, Fontainebleau, et tant d'autres jolis pays qui sont couverts de châteaux, de maisons de plaisance, et qui attirent, les dimanches et les jours de fête, les caravanes des visiteurs.

Nous avons donc, dans ce nouveau volume, à parcourir tous ces endroits-là ; nous avons à guider l'étranger dans les localités de plaisance ou de curiosité qui entourent Paris. Fidèles à notre plan et à notre système d'indication, nous ne dirons sur chaque pays que juste ce qu'il faudra dire, nous plaçant au point de vue du touriste, qui a besoin, avant tout, du renseignement exact, et n'admet la description de l'histoire qu'accessoirement et à fort petites doses.

Nous commencerons nos excursions en dehors des barrières par Versailles, l'ancienne résidence des rois, la plus belle promenade du monde, sans contredit, la relique la plus imposante, la plus mémorable des grands siècles de la monarchie.

I. — ROUTES DE PARIS A VERSAILLES.

Ce serait presque une naïveté de recommander à l'étranger qui visite Paris de ne pas omettre de se rendre à Versailles. Autant vaudrait recommander au touriste qui voyage en Angleterre de ne pas partir sans avoir vu Londres, ou à celui qui voyage en Italie de ne pas manquer de visiter Rome.

Versailles peut s'appeler la seconde capitale de la France, sous le rapport de la grandeur et de la magnificence des palais et des jardins. Aucune ville du monde ne peut rivaliser avec cette ancienne résidence de Louis XIV, si vraiment royale, qui conserve si bien l'imposant caractère de sa destination et de sa grandeur primitive.

On s'étonne encore plus de cette merveille, quand on songe aux difficultés qu'il a fallu surmonter pour la créer.
— « Qui pourrait dire, » écrivait Saint-Simon à propos des efforts tentés pour amener l'eau à Versailles, « l'or et les hommes que cette tentative coûta, pendant plu-

sieurs années, jusqu'à ce qu'il fut défendu, sous les plus grandes peines, dans le camp qu'on y avait établi, d'y parler des malades et des morts que le travail et plus encore les exhalaisons de tant de terres remuées tuaient?»

On fera bien, en se rendant à Versailles, de ne pas négliger les diverses localités qui se trouvent sur la route u sur les routes, car on compte trois routes différentes ntre Paris et Versailles; les deux voies ferrées, la rive droite et la rive gauche, ainsi désignées par les deux rives de la Seine, qu'elles longent pendant une partie du trajet, et l'ancienne route royale, celle que parcourent encore aujourd'hui les voitures publiques appelées *Gondoles parisiennes*. Ces voitures continuent à transporter fidèlement un certain nombre de voyageurs craintifs, qui tiennent quand même pour l'ancien mode de locomotion et redoutent les émotions des chemins de fer.

La plupart de ces localités situées entre Paris et Versailles offrent un intérêt véritable sous le rapport de l'agrément des lieux, de la variété des sites et aussi de certains souvenirs historiques qui s'y rattachent. Presque toutes méritent d'être l'objet d'une excursion particulière, d'une promenade d'une journée ou d'une demi-journée, dont on ne regrettera certes pas l'emploi.

Avant donc d'arriver à Versailles, nous indiquerons les principaux points intéressants qui se trouvent sur les trois routes, que nous suivrons successivement, afin de ne rien omettre de ce qui peut mériter l'attention des visiteurs dans cette suite si variée de paysages, de châteaux, de bois, de coteaux et de maisons de campagne, qui s'étend entre Paris et Versailles.

II. — CHEMIN DE FER DE PARIS A VERSAILLES
(RIVE DROITE)

Montmartre. — Batignolles. — Clichy. — Asnières. Courbevoie. — Suresnes — Saint-Cloud. — Ville-d'Avray.

On prend le chemin de fer de Versailles (rive droite) au bel embarcadère de la rue Saint-Lazare.

Embarcadère du chemin de fer du Havre.

A peine est-on sorti des voûtes, qu'on aperçoit sur la droite les buttes et les moulins de Montmartre. On passe à une certaine distance des Batignolles, puis de Clichy. Ces localités représentent aujourd'hui de véritables fau-

Asnières.

bourgs de Paris, et n'offrent rien qui mérite de fixer particulièrement l'attention du visiteur.

Le paysage proprement dit ne commence guère qu'à partir d'Asnières. On traverse la Seine sur un pont qui permet de jouir d'une perspective on ne peut plus agréable.

On a sur la gauche un groupe de petites maisons de campagne très-coquettes construites, dans le goût italien ou sur le modèle des chalets suisses.

Sur la droite, la Seine déploie un point de vue très-gracieux. L'œil suit avec plaisir cette file d'habitations rustiques ou bourgeoises qui bordent les deux rives. On admire surtout l'île si jolie que l'auteur des *Mystères de Paris* a rendue célèbre sous le nom d'*île des Ravageurs.*

Cette île, jetée comme un véritable bouquet d'arbres au milieu de la Seine, fait de loin l'effet d'un jardin anglais. On comprend que les canotiers parisiens se donnent rendez-vous dans cette partie de la Seine, si bien ombragée, et couverte sans cesse en été de yoles, de canots à voile et d'embarcations de toute espèce.

Asnières est aujourd'hui le pays le plus à la mode parmi la jeunesse parisienne des deux sexes. Le bal est

Bal d'Asnières.

en grande réputation, et lutte avec avantage avec Mabile, la Chaumière, le Ranelagh, la Closerie des Lilas et autres lieux de danse et de plaisir.

Ce bal a lieu dans l'ancien château de la fameuse comtesse de Parabère, la maîtresse du Régent. Le parc ouvre un très-vaste emplacement aux promeneurs et aux danseurs. On y donne, outre les bals ordinaires, de grandes fêtes d'été avec concert, illuminations, feux d'artifice, jeux de toute espèce, etc.

On trouve à Asnières une École de natation construite sur le modèle de celles de Paris, de nombreux restaurants, tout ce qui peut constituer une journée de fête et de plaisir. La proximité de Paris, la facilité du trajet, qui s'exécute en quelques minutes, est pour beaucoup dans la vogue dont jouissent depuis plusieurs années les habitations et les divertissements d'Asnières. Le chiffre des personnes qui s'y transportent certains dimanches d'été par le chemin de fer a plus d'une fois dépassé *vingt mille*. Les principaux restaurants sont : le restaurant du Château, celui de l'École de natation, Laroche, près du pont.

Nous passerons rapidement sur Courbevoie, remarquable surtout par la caserne qui fut construite pour les Suisses sous le règne de Louis XV, de même que sur Puteaux, qui éparpille le long de la Seine ses jardins si frais et si verts.

A Suresnes, nous n'éviterons guère la plaisanterie traditionnelle de certains voyageurs sur *le vin de Suresnes*, qui jouit d'une fâcheuse célébrité, ce vin si déchu qui passait pour un vin d'élite du temps d'Henri IV et de Sully, et que de savants médecins du dernier siècle ont cherché vainement à réhabiliter en en démontrant les vertus hygiéniques.

Nous saluerons à notre droite le Mont-Valérien ou Calvaire, au sommet duquel on aperçoit un des forts qui font partie du système de fortifications dont on a entouré Paris.

Les pieuses processions qui se dirigeaient de temps immémorial vers le Calvaire ont été surtout très-nombreuses sous le règne de Louis XIII, qui fit construire un couvent sur l'emplacement actuel de la forteresse. On vit ces processions se renouveler sous la Restaura-

Mont Valérien.

tion, à l'époque où les Pères de la foi obtinrent d'occuper l'édifice commencé sous Napoléon, et qui devait être une caserne. Cet édifice, rendu au culte sous le règne de Charles X, devint pour les habitants de Paris, de Versailles et des lieux circonvoisins un but fréquent de pèlerinages.

On jouit à Suresnes d'un panorama des plus riants: la Seine se découvre tout à coup et laisse voir un magnifique tapis d'arbres, de prairies, de maisons de campagne, dont on ne peut s'empêcher d'être frappé comme à l'aspect d'une décoration merveilleuse.

A partir de Suresnes, le paysage devient plus abondant et plus riche. On remarque beaucoup moins de ces villas-colifichets, de ces petits jardins étriqués et puérils que l'on aperçoit toujours en beaucoup trop grand nombre dans la proximité des villes. La campagne de la banlieue a souvent beaucoup à souffrir du mauvais goût et des fantaisies étranges de la *villégiature* citadine.

Saint-Cloud, qui se présente à nous après Suresnes, mérite de nous attacher plus longtemps que les autres pays que nous venons de traverser.

On considère Saint-Cloud comme un des points les plus agréables des environs de Paris. On peut dire qu'on ferait souvent bien du chemin pour trouver une vue à la fois plus attrayante et plus étendue, des ombrages plus touffus, des promenades plus silencieuses, plus calmes et dont on ne se lasse jamais, comme, du reste, de tous les lieux vraiment beaux et naturels.

Il suffit d'entrer dans Saint-Cloud pour comprendre tout le charme de cette localité, qui a eu le double avantage d'être à la fois populaire et royale, d'attirer à elle la multitude et les gens du peuple, tout aussi bien que les rois et les gens de cour.

L'origine de Saint-Cloud se perd dans les commencements de notre histoire nationale.

Ce nom de *Saint-Cloud* vient, dit-on, de Clodoalde, le neveu de Childebert et de Clotaire, qui avaient donné l'ordre de l'assassiner. Clodoalde fut sauvé par des mariniers, et voulut par reconnaissance donner son nom au pays de ses libérateurs.

Nous croyons devoir glisser rapidement sur ces documents primitifs, toujours assez suspects, et mieux placés, dans tous les cas, dans un résumé historique que dans

un guide de voyage. Nous nous contenterons de rappeler
que dans les premières années du règne de Louis XIV,

Château de Saint-Cloud.

le domaine de Saint-Cloud passa dans la maison d'Orléans.

Sa véritable origine date de là. Les architectes Gérard, Mansard et Le Pautre reconstruisirent les bâtiments du palais en grande partie. Le célèbre Le Nôtre fut chargé de décorer les jardins. Il agissait sur un terrain montueux, accidenté, qui devait le mettre à même de révéler son génie sous une face autre que sur le sol de Versailles.

C'est à Le Nôtre que l'on doit ces avenues à la fois si nobles et si gracieuses, ces mille percées d'un effet si séduisant, tout ce qui fait le charme éternel de cette résidence de Saint-Cloud, que bien des personnes n'hésitent pas à préférer à d'autres lieux de plaisance taillés sur un patron plus grandiose.

Le château est situé à l'extrémité d'une avenue mon-

Galerie de Saint-Cloud.

tante. L'intérieur est d'un style d'architecture très-simple et néanmoins très-élégant. On a ménagé de tous

Cascades de Saint-Cloud.

les côtés des perspectives gracieuses, conformes à ce caractère d'animation pittoresque qui forme le fond principal du paysage de Saint-Cloud.

L'intérieur du château mérite d'être visité. On y remarque plusieurs objets d'art dignes d'attention; entre autres des toiles de Mignard rangées au nombre de ses meilleurs ouvrages, et des tapisseries des Gobelins de la plus grande beauté.

Les jardins de Saint-Cloud n'ont pas cet aspect de majestueuse uniformité que l'on a reproché souvent, non sans quelque espèce de raison, à la plupart de nos jardins français. La grande avenue qui s'étend de la grille d'entrée jusqu'à la cascade, les boulingrins circulaires, les quinconces, les allées si pittoresques qui conduisent à Ville-d'Avray, toutes ces diverses parties offrent autant d'aspects séduisants par leur variété même.

Les pièces d'eau de Saint-Cloud sont dignes d'être admirées, même après les merveilles de Versailles.

On considère comme un spectacle des plus gracieux celui que présente la grande cascade, qui forme une succession de nappes d'eau si belles et si fraîches au milieu des groupes de statues et des magnifiques ombrages qui les encadrent.

On admire aussi le grand jet, surnommé le *jet géant*, qui est considéré comme le plus énergique et le plus élevé qu'on ait jamais construit.

Pour jouir des courbes enchanteresses que la Seine décrit au pied de Saint-Cloud et de tout l'ensemble de la perspective, on ne manquera pas de faire l'ascension obligée du petit monument que la voix de la multitude s'obstine à désigner sous le nom de *Lanterne de Diogène*, tandis que son véritable nom est *Lanterne de Démosthène*, puisqu'il est la copie exacte du monument de même nom qui fut construit à Athènes par le sculpteur Lysicrate, élève de Lysippe, sous le règne d'Alexandre.

La fête de Saint-Cloud dure une partie de l'automne, et a toujours conservé, malgré les concurrences qui lui

Lanterne de Diogène.

ont été faites à Asnières et ailleurs, sa vieille vogue populaire.

Cette fête n'a pas cessé d'être le rendez-vous d'une multitude de saltimbanques, de spectacles forains, de jeux de toute espèce, de cuisines en plein air, de danses, de jeux champêtres, etc., sans compter le retour des caravanes joyeuses avec les refrains populaires et l'accompagnement forcé du mirliton classique sans lequel on peut dire qu'il n'y aurait pas de bonnes fêtes à Saint-Cloud.

On trouve dans ce pays plusieurs restaurants établis

sur le même pied qu'à Paris; entre autres Legriel, qui est situé à la grille même du parc; puis, dans un ordre inférieur, la *Tête Noire*, le *Grand Saint-Nicolas*, etc.

Outre le chemin de fer, il existe une entreprise de voitures entre Paris et Saint-Cloud, qui partent toutes les vingt minutes, et que nous retrouverons tout à l'heure, quand nous indiquerons les localités qui se trouvent sur l'ancienne grande route.

Nous suivons le chemin de fer de la rive droite jusqu'à Ville d'Avray. On traverse le parc de Saint-Cloud, et on ne peut s'empêcher d'admirer en passant ces magnifiques avenues que le chemin de fer coupe par le milieu, ces belles prairies où on a eu soin de réunir des troupeaux de biches et de daims apprivoisées, qui ne songent nullement à s'enfuir aux approches du convoi.

On passe par les deux tunnels, qui se trouvent à une faible distance l'un de l'autre, et on arrive devant le délicieux rideau de maisons de campagne, de coteaux, de jardins, qui se déploie en arrivant à Ville-d'Avray.

Il suffit de jeter les yeux sur la perspective que l'on a devant soi pour comprendre la prédilection particulière que les Parisiens éprouvent pour ce village de Ville-d'Avray. La population s'est presque doublée depuis l'établissement des chemins de fer.

On voit à Ville-d'Avray des maisons de campagne de toutes les formes et de tous les ordres, depuis le *cottage* le plus modeste, accompagné de quelques arbustes et de quelques touffes de fleurs que l'on est bien forcé d'appeler un jardin, jusqu'au château grandiose, avec parc, étang, forêt, etc.

Il existe, à quelques pas de la station du chemin de fer, une maison carrée, en forme de pavillon, que les voyageurs ont longtemps saluée en passant du titre de *Maison de Balzac.*

C'est en effet l'illustre romancier qui s'était fait construire cette habitation, dans laquelle il a composé un grand nombre de ses ouvrages.

Un autre romancier très-populaire aussi, mais que l'on ose à peine nommer après Balzac, Ducray-Duminil, a eu également une maison de campagne à Ville-d'Avray, sur la route qui conduit à Versailles.

A côté de cette maison se trouve la fameuse source de Ville-d'Avray, connue sous le nom de *Fontaine du roi,* dont les eaux sont considérées comme si pures et si salutaires qu'à l'époque où la cour résidait à Versailles, on venait tous les jours remplir un tonneau de l'eau de Ville-d'Avray, que l'on destinait spécialement à la table du roi.

Nous arrêterons ce premier parcours à Viroflay, la première station après Ville-d'Avray. C'est là que se trouve le point de jonction des deux chemins de fer. Nous avons maintenant à faire sur la rive gauche le trajet que nous venons de faire sur la droite.

III. — CHEMIN DE FER DE PARIS A VERSAILLES (RIVE GAUCHE)

Vaugirard. — Issy. — Vanvres. — Clamart. — Meudon. — Bellevue. — Sèvres. — Chaville.

Beaucoup de personnes préfèrent, sous le rapport du paysage et de la beauté des sites, le chemin de Versailles de la rive gauche à celui de la rive droite. Elles trouvent que si l'on découvre sur la rive droite des aspects plus animés et plus riants, plus de maisons et de jardins, en revanche la nature se montre sur la rive gauche sous un caractère plus imposant et plus étendu.

Ce n'est pas à nous qu'il appartient de trancher le nœud entre ces deux opinions. Notre devoir est de dérouler impartialement le tableau que présente la rive gauche comme nous avons fait pour l'autre rive.

Voici d'abord Vaugirard, Issy, puis Vanves ou Vanvres. Ces diverses localités ne méritent pas de nous arrêter longtemps.

Nous ferons grâce aux personnes qui voyagent en chemin de fer pour leur plaisir de certains détails d'antiquités historiques qu'il est toujours si facile d'exhumer des bibliothèques. Il nous semble qu'il est assez peu intéressant pour les voyageurs de savoir que Vaugirard s'appelait autrefois *Vauboitron* ou *Valbroiton*, ou que l'ancien village d'Issy fut donné à l'église de Saint-Vincent par Childebert, puis à l'abbaye de Sainte-Geneviève par Hugues Capet.

Le paysage ne commence véritablement qu'à Clamart, où l'on découvre les bois de Meudon et toute cette vallée, dont on appréciera bientôt la richesse.

Clamart a été le témoin des dernières luttes que les troupes françaises, commandées par le général Vandamme, eurent à soutenir en 1815 contre les troupes alliées.

On traverse le viaduc de Fleury et on se trouve en face d'un paysage auquel aucun peintre assurément ne pourrait donner un caractère plus saisissant et plus imprévu. Cette magnifique campagne, entrevue entre les voûtes du viaduc, a quelque chose de magique qui rappelle ces effets de diorama si surprenants et dont la nature seule a fait ici tous les frais.

Viaduc de Fleury.

On aperçoit sur la gauche le château de Meudon.

Le village de Meudon a souvent été chanté par les poëtes et les amants. Peu de pays sont en effet mieux créés pour éveiller de ces inspirations tendres et rêveuses qui naissent d'elles-mêmes au milieu de ces bois mystérieux, où l'on a tant de plaisir à errer et à se perdre.

On ne saurait trop regretter l'ancien château de Meudon, que le cardinal de Lorraine avait fait construire sur les dessins de Philibert Delorme. Cet édifice fut détruit au commencement de notre siècle.

Château de Meudon.

Reste le château moderne, qui n'offre rien de remaquable à l'extérieur ni à l'intérieur.

Toute l'attention doit se porter sur la magnifique

terrasse d'où l'on jouit d'une si admirable perspective.

Aucun pays des environs de Paris ne possède peut-être une réunion plus variée et plus riche de maisons de campagne, qui semblent toutes rivaliser entre elles sous le rapport de l'élégance et du goût.

Comment citer Meudon sans rappeler Rabelais, qui obtint cette cure de la faveur toute-puissante du cardinal Du Bellay, qu'il avait soigné dans une maladie très-grave; Rabelais, le modèle éternel des rieurs, le représentant assez peu édifiant mais si fidèle et si vrai du vieil esprit national ?

On ne peut guère s'empêcher, quand on a passé Meudon, de jeter un coup d'œil d'affliction sur la chapelle élevée à *Notre-Dame des Flammes*, en mémoire de la déplorable catastrophe du 8 mai 1842, où l'on eut à déplorer, au milieu des victimes, la mort du contre-amiral Dumont-d'Urville, souvenir éternellement douloureux, et qui a dû donner à tout jamais des inspirations de haute prudence aux administrations de chemins de fer.

Après Meudon vient Bellevue, qui n'est guère qu'un assemblage d'élégantes villas, qui furent construites il y a environ trente ans sur l'emplacement de l'ancienne résidence de madame de Pompadour.

Sèvres, que l'on traverse ensuite, est surtout célèbre par sa manufacture de porcelaine, qui jouit d'une réputation trop universelle pour qu'il soit nécessaire de la recommander aux étrangers.

Cette manufacture, qui existait d'abord à Vincennes, fut transportée à Sèvres par les soins des fermiers généraux, qui firent élever les bâtiments actuels. On sait que la plupart des palais de l'Europe sont enrichis de ses produits. Les prix élevés auxquels les articles en *Vieux*

Sèvres se maintiennent dans les ventes publiques suffisent pour établir leur valeur au point de vue de l'art et de la curiosité.

Les produits modernes se font remarquer aussi bien

Manufacture de Sèvres

que leurs aînés par l'élégance des formes, la richesse des peintures et des nuances.

On voit dans l'intérieur de la manufacture trois collections on ne peut plus intéressantes ; la première comprend toutes les porcelaines et faïences de France depuis la Renaissance jusqu'à nos jours ; la seconde offre la réunion complète de tous les modèles des objets fabriqués à la manufacture depuis sa fondation, tels que vases, services de table, pendules, candélabres, figurines, groupes, etc. La troisième collection, qui se recommande également à l'attention des visiteurs, représente un véritable musée de toutes les porcelaines étrangères avec

Intérieur de la manufacture de Sèvres.

les matières qui ont été employées dans leur fabrication.

La manufacture de Sèvres est ouverte aux visiteurs le mardi et le samedi de chaque semaine.

Nous terminons notre parcours de la rive gauche à Châville, joli village encadré de bois et qui touche à Viroflay, où se trouve le point de jonction des deux chemins.

IV L'ANCIENNE ROUTE DE VERSAILLES.

Chaillot. — Passy. — Auteuil. — Billancourt.

Nous nous plaçons sur l'ancienne route de Versailles, non pas dans la pensée que beaucoup de nos lecteurs nous y suivront. Nous ne doutons pas que la plupart des personnes qui se rendent à Versailles n'adoptent de préférence le mode de transport des chemins de fer comme infiniment plus commode et plus rapide.

Nous suivrons cette voie, ou une partie de cette voie seulement, dans le but d'indiquer certaines localités intéressantes que n'atteint aucun des deux chemins de fer, et que les visiteurs des environs de Paris doivent être désireux de connaître.

Peut-être fera-t-on bien de prendre, pour exécuter ce nouveau trajet, non pas les voitures de Versailles mêmes, qui ne quittent pas la grand'route pavée, bordée surtout d'auberges, d'usines et d'habitations ouvrières d'un aspect assez uniforme, mais les voitures-omnibus de Saint-Cloud, qui partent de Paris toutes les vingt minutes, comme nous l'avons dit, et qui ont l'avantage d'avoir un itinéraire infiniment plus varié.

Après avoir suivi l'avenue des Champs-Élysées, connue sous le nom de *Cours la Reine*, on arrive devant Chaillot, qui n'est, à proprement parler, qu'un faubourg de Paris, très-industriel et très-peuplé.

On sort de Paris par la barrière des Bonshommes, et puis on arrive à Passy, qui n'est séparé de Chaillot que par le mur d'enceinte.

Passy est un des lieux de plaisance les plus justement

préférés des habitants de Paris. La proximité de la ville ne nuit pas à son agrément.

On y rencontre un grand nombre de maisons de campagne ornées de ces vieux arbres séculaires que l'on voit disparaître tous les jours avec tant de regret. La vue de la Seine qui coule au-dessous de l'éminence sur laquelle est situé ce pays, forme un tableau des plus riants. Cette seule perspective explique que l'on ait eu de tous les temps l'idée de faire de Passy un lieu d'agrément et de retraite.

La grande rue de Passy mène droit au bois de Boulogne, dont les avenues et les pelouses sont la continuation même de ce village, qui offre ainsi à ses habitants l'avantage d'une promenade à perte de vue. Le bal du Ranelagh, un des plus fréquentés en été, est situé à quelques pas de la grille de Passy.

On arrive par une route circulaire sablée qui ressemble à une allée de jardin particulier, au joli village d'Auteuil, que l'on peut appeler, comme beaucoup de localités des environs de Paris, telles que Bellevue, Meudon, Fontenay-aux-Roses, un véritable bouquet de jardins, de maisonnettes rustiques, de chalets et de pavillons à l'italienne.

Plusieurs hommes célèbres, Boileau, Helvétius, Franklin, le peintre Gérard, ont habité Auteuil. On se souvient du fameux souper d'Auteuil, où l'on vit plusieurs de nos écrivains de grand mérite perdre un peu de leur décorum et céder à une de ces veines d'échauffement que Caton l'ancien lui-même ne s'interdisait pas absolument, au dire d'Horace.

Le chemin de fer de ceinture, qui dessert Auteuil, ne peut qu'augmenter encore la population élégante qui se dispute chaque été les habitations toujours trop restreintes au gré des colonies parisiennes, qui idolâtrent la campagne, à la condition de ne pas trop s'éloigner du mur d'enceinte de Paris.

On traverse le bois de Boulogne, et l'on arrive à Boulogne, qui n'a rien d'intéressant pour les visiteurs. On se retrouve bientôt devant Saint-Cloud, que nous avons déjà visité.

On pourra, si l'on veut, traverser le parc de Saint-Cloud, et arriver sous les belles avenues du parc jusqu'à la grille de Sèvres. Les îles de Sèvres et les maisons de campagne de Billancourt, récemment construites et ornées de jardins si élégants, méritent bien que l'on s'arrête au moins quelques instants au milieu du chemin.

Nous conseillerons aux amateurs de courses pédestres, qui ne reculent pas devant une promenade de deux heures au milieu des bois, de se rendre à Versailles par les bois de Ville d'Avray.

Ils passeront devant les étangs qui ont été, sous la Restauration, le théâtre de si belles parties de chasse. Ils pourront déjà se faire une idée de ce que sont les bois pittoresques de Versailles, trop rarement visités des promeneurs parisiens, même depuis l'établissement des deux chemins de fer.

Ils se trouveront bientôt devant l'agréable rendez-vous de chasse de *Fausse repose*, et en descendant la butte de Picardie, ils feront leur entrée dans Versailles par une de ces magnifiques avenues qui annoncent si bien la belle et majestueuse ville que l'on se prépare à visiter.

V. — VERSAILLES ET SES ENVIRONS.

Le premier soin de l'étranger qui ne connaît pas encore Versailles et veut se faire une idée du plan général du palais et des dépendances, doit être de monter, dès son arrivée, soit par la place d'armes, soit par la rue du Réservoir, jusque devant la statue équestre de Louis XIV, qui se trouve à l'entrée de la cour d'honneur.

Le spectacle qu'il aura devant les yeux lui vaudra mieux que tous les récits et les descriptions qu'on aurait pu lui faire à l'avance des construct'ons de Versailles.

Il verra s'ouvrir à la suite de l'imposante place d'armes, dégagée aujourd'hui des constructions qui la déshonoraient autrefois, l'éventail que forment les trois avenues dessinées avec une régularité si noble, les deux bâtiments parallèles des écuries, les boulevards à gauche, les bois de Satory à droite, un horizon de feuillage qui forme autour de la ville le plus magnifique encadrement, de quelque côté qu'on se retourne.

Versailles est là tout entier dans sa majestueuse et régulière ordonnance, dont tout le monde subit l'effet irrésistible au premier aspect, eût-on l'esprit le plus rebelle à toute idée de symétrie et d'étiquette en fait d'art et d'architecture.

L'histoire de Versailles est trop généralement connue pour que nous ayons à nous y arrêter longtemps.

Simple rendez-vous de chasse jusqu'au règne de Louis XIII, le *chétif château de Versailles*, comme disait Bassompierre, ne tarda pas à devenir la première résidence du monde sous la toute-puissante influence de Louis XIV, qui voulut avoir une ville, un palais, des jardins à lui, toute une fondation qui lui fût propre.

Vue générale de Versailles.

Château de Versailles. Vue prise de la Place d'Armes.

Nous supposons donc le palais de Versailles entièrement achevé sur les dessins de Mansard, les jardins plantés par Le Nôtre, tout ce bel ensemble fini et tel qu'il fut dans la seconde moitié du règne de Louis XIV.

Nous commençons par jeter un coup d'œil sur la partie du palais construite en briques, sur l'ancienne façade du temps de Louis XIII, qui a conservé entièrement le cachet de son époque.

Cette façade curieuse, et qui est loin de manquer de caractère, forme un contraste assez bizarre avec la façade du côté du jardin, qui a été construite dans un goût beaucoup plus moderne.

La conservation du vieux palais de Louis XIII a été le résultat direct de la volonté de Louis XIV hautement exprimée. Cédant à un sentiment de piété filiale, il ne voulut jamais détruire ce que son père avait édifié. Lorsque Mansard, qui craignait avec raison d'avoir à appliquer des constructions nouvelles sur un vieux fond d'architecture, essaya de persuader au jeune roi que l'ancien palais n'était plus solide et pouvait offrir des dangers. « Qu'on abatte le bâtiment s'il est mauvais, répondit Louis XIV, mais qu'on le rétablisse tel qu'il est. »

VI. — LE MUSÉE DE VERSAILLES.

Il y a longtemps sans doute que le vieux palais de Louis XIII, Louis XIV, Louis XV et Louis XVI aurait été abandonné comme une ruine dispendieuse et grandiose que l'on ne pouvait préserver éternellement des atteintes du temps, si Louis-Philippe n'avait conçu l'idée ingénieuse et vraiment royale d'établir dans l'enceinte du palais un musée qui devait faire de la conservation de

Versailles une affaire en quelque sorte de nécessité publique.

On aurait tort de considérer le musée de Versailles comme une collection d'art proprement dite. Ce musée est beaucoup trop étendu et nécessairement trop mélangé pour avoir cette prétention-là.

Il s'adresse, comme l'indique son titre, surtout à l'histoire, à la chronologie; il représente cette partie des annales très-précieuse sans doute et très-intéressante qui ne s'écrit pas, ne se raconte pas, mais qui se traduit et se transmet par les portraits des personnages célèbres, les grandes scènes du passé représentées sur la toile, les batailles fameuses, les traits marquants de la politique et des guerres de tous les siècles.

Tel est l'objet spécial du musée de Versailles, si on veut bien le juger à ce point de vue, on trouvera dans son ensemble et ses détails amplement de quoi satisfaire à la fois la curiosité et même, sous certains rapports, le goût éclairé des arts; car, s'il est vrai que dans cette immense collection de toiles et de statues on rencontre plus d'une production faible ou médiocre, il en est plusieurs aussi qui se recommandent par leur incontestable mérite, et passent à bon droit pour des pages de maîtres.

On ne regrettera donc nullement le temps que l'on aura employé à parcourir ces immenses galeries qu'il faut plus d'un jour sans doute pour connaître à fond.

Nous ne saurions avoir la prétention ici d'indiquer en détail les diverses toiles ou statues que renferment les salles du musée de Versailles. Il nous faudrait transcrire tout un livret très-volumineux.

Nous nous bornerons à faire connaître d'une façon sommaire les principales divisions du Musée, seulement pour donner une idée de l'ensemble et fournir quelques points de repère aux curieux. Toutefois, en suivant l'itinéraire que nous indiquons, les visiteurs auront la certitude d'avoir parcouru toutes les salles et galeries.

Avant de pénétrer dans l'intérieur, on examinera les seize statues qui se trouvent sur des piédestaux à droite et à gauche de la cour d'entrée.

Les statues de droite sont :
Bayard, par M. Martin.
Colbert, par M. Milhomme.
Richelieu, par M. Ramey.
Jourdan, par M. David (d'Angers).
Masséna, par M. Marin.
Tourville, par le même.
Duguay-Trouin, par M. Dupasquier.
Turenne, par M. Gois.

Les statues de gauche sont :
Du Guesclin, par M. Bridan.
Sully, par M. Espercieux.
Suger, par M. Stouf.
Lannes, par M. Collamard.
Mortier, par M. Deseine.
Suffren, par M. Lesueur.
Duquesne, par M. Roguier.
Condé, par M. David (d'Angers).

Ces seize statues étaient placées autrefois sur le pont de la Concorde. On crut s'apercevoir qu'elles surchargeaient le pont, et l'on se décida à les transporter dans la cour du château de Versailles, où elles sont très-bien à leur place.

La statue équestre de Louis XIV, qui se trouve devant la cour de marbre, a été faite par Petitot.

Les galeries du rez-de-chaussée, portant les numéros de 5 à 15 [1], qui donnent sur les jardins, contiennent les toiles où sont représentés les principaux faits de notre histoire depuis le commencement de la monarchie jusqu'à la fin du dernier siècle. On remarquera les tableaux curieux et si intéressants de Van der Meulen, qui retracent les conquêtes de Louis XIV.

On quitte ces galeries pour visiter la salle de l'Opéra (16). Un gardien spécial est chargé d'ouvrir les portes de cette belle salle, qui fut construite sous Louis XV, et donne bien l'idée d'une salle de spectacle de cour. C'est là que fut donné le fameux repas des gardes-du-corps du 2 octobre 1789, qui eut une si funeste influence sur les destinées de Louis XVI et des siens.

Le numéro 17 vient ensuite; c'est une galerie de sculpture où l'on a réuni les tombeaux, bustes et statues des rois de France.

Les numéros 18, 19, 19 *bis*, 20 et 21 s'appellent les salles des Croisades, et représentent une des parties les plus intéressantes du Musée. On regrette que la plupart de ces toiles, qui retracent une des pages mémorables de nos annales, se sentent un peu de la vitesse avec laquelle elles ont été exécutées pour la plupart. Quoi qu'il en soit, l'ensemble est imposant et justifie l'empressement des curieux qui affluent constamment dans la salle des Croisades.

La chapelle (1) est très-richement ornée à l'intérieur, et vaut beaucoup mieux que l'extérieur, si étrangement juché sur le sommet du palais et que Voltaire a assez justement appelé :

1. Les numéros indiqués ici renvoient à ceux sous lesquels sont indiquées les différentes salles du château et du musée de Versailles.

Un colifichet fastueux
Qui du peuple éblouit les yeux,
Et dont le connaisseur se raille.

Chapelle de Versailles.

Quoi qu'en dise Voltaire, la chapelle est cependant une des merveilles de Versailles. Commencée en 1619, elle fut la dernière création de Mansard, et il est facile de reconnaître, en pénétrant dans l'intérieur, que les prodigieux travaux qu'il avait exécutés dans le palais n'avaient ni fatigué son génie, ni épuisé son imagination. Rien de plus simple que le plan, malgré les splendeurs de l'ornementation; rien non plus d'un effet plus imposant et plus majestueux que l'ordonnance générale. Le centre de la voûte, décorée de peintures exécutées par Lebrun, Jouvenet, les deux Boullogne, Antoine Coypel, Lafosse; les bas-reliefs de Poirier, Coustou, d'Adam; le pavé de

Intérieur de la chapelle.

marbre de couleur, tout concourt à saisir et à émerveiller le visiteur, par ce que le luxe le plus inouï, par tout ce que l'imagination féconde des grands artistes peut créer.

On monte au premier étage par le *grand escalier*, autre merveille du château, et on se trouve dans la dernière galerie des statues (80), qui s'étend au-dessus des salles du rez-de-chaussée que l'on vient de visiter

Grand escalier de Versailles.

Cette galerie contient les bustes et statues des rois et des grands hommes.

On s'arrête avec intérêt devant la gracieuse Jeanne d'Arc faite par la princesse de Wurtemberg, Marie d'Orléans, fille de Louis-Philippe, enlevée si jeune à sa famille.

On a réuni sous le nom de galerie de Constantine (90) cinq salles qui contiennent les principales batailles de notre armée d'Afrique. Les curieux ne se lassent pas de suivre dans leurs mille détails les toiles toujours si animées et si pittoresques de M. Horace Vernet. On a réuni dans cette même salle plusieurs grands tableaux qui retracent des scènes de la Révolution française et de la Restauration. Une salle spéciale a été réservée à cette belle page du même peintre, la *Prise de la Smala*.

On monte au second étage, dans l'aile du nord (141 à 151), et on se trouve dans la galerie des portraits, qui

Salle de la Smala.

comprend les rois, les princes, la plupart des hommes célèbres de la France et même de l'étranger. Plusieurs de ces portraits sont très-estimés, et joignent le mérite de l'exécution à celui de la ressemblance. On trouve dans cette même galerie une belle collection de médailles historiques.

On redescend au premier étage pour visiter les salles

(77 à 86) que l'on appelle la seconde galerie de l'histoire. Ces salles sont consacrées principalement aux campagnes de Napoléon Ier. Le talent de Gros, le peintre de

Galerie des tableaux.

l'Empire par excellence, se voit là dans tout son lustre.

On se retrouve sous le vestibule que le public traversait autrefois pour visiter les grands appartements de Louis XIV. L'entrée de la chapelle est à gauche, celle des appartements est à droite.

On traverse successivement le salon d'Hercule (91), dont le plafond, très-brillant, mais un peu confus, et trop encombré de figures et d'accessoires, a été peint par Lemoine ;

Le salon de l'Abondance (92), où l'on retrouve des toiles de Van der Meulen ;

Le salon de Vénus (93), où se trouve le joli groupe des Trois Grâces de Pradier ;

Le salon de Diane (94), orné d'un portrait de Louis XIV, un des bons ouvrages de Rigaud ;

Le salon de Mars (95), où l'on a placé le sacre de Louis XIV, à Reims, par Philippe de Champagne, et des tableaux de Van der Meulen ;

Le salon de Mercure (96), dont les dessus de porte sont dus au pinceau de Lesueur.

On arrive dans la salle d'Apollon ou du Trône (97), qui a vu les grandes séances de réception de Louis XIV, celles où il recevait les hommages du doge de Gênes, des ambassadeurs d'Alger et de Siam.

Le plafond du salon de la Guerre (98) a été peint par Lebrun avec cet éclat, cette facilité abondante et toujours un peu pompeuse qui caractérise la manière de ce maître.

On retrouve Lebrun tout entier dans la belle galerie des Glaces (99). Cette galerie est trop célèbre et par ses magnifiques plafonds, et par la belle perspective dont on jouit des fenêtres, qui donnent en plein sur le parc, pour qu'il soit nécessaire de la recommander aux visiteurs.

On arrive ensuite dans la salle du Conseil (116). C'est dans cette salle que Louis XIV travaillait avec ses ministres.

On n'oubliera pas de visiter les petits appartements (117 à 125), qui représentent une des pages les plus caractéristiques, sinon les plus édifiantes de la chronique du dernier siècle.

La chambre à coucher du roi (115) vient à la suite de la salle du Conseil. Cette pièce a le grand mérite de nous représenter les choses exactement telles qu'elles étaient à l'époque où Louis XIV l'habitait. Le lit, le couvre-pied, la balustrade, les deux tableaux de Raphaël et du

Chambre à coucher du roi.

Dominiquin de chaque côté du lit, tout a été rétabli dans l'ordre primitif.

On admire dans cette pièce le beau tableau de Paul Véronèse, *Jupiter foudroyant les Titans*, le portrait d'Anne d'Autriche, par Van Dyck, et les *Quatre Évangélistes*, du même maître.

On trouve ensuite la fameuse salle de l'*OEil-de-Bœuf* (114), où l'on voit le tableau de Mignard qui représente

Louis XIV et toute sa famille sous les traits des divinités de l'Olympe; puis les salles des valets de pied et des gardes du corps (107 et 108).

On revient dans la galerie des Glaces, et on entre dans le *salon de la Paix*, qui est le pendant du *salon de*

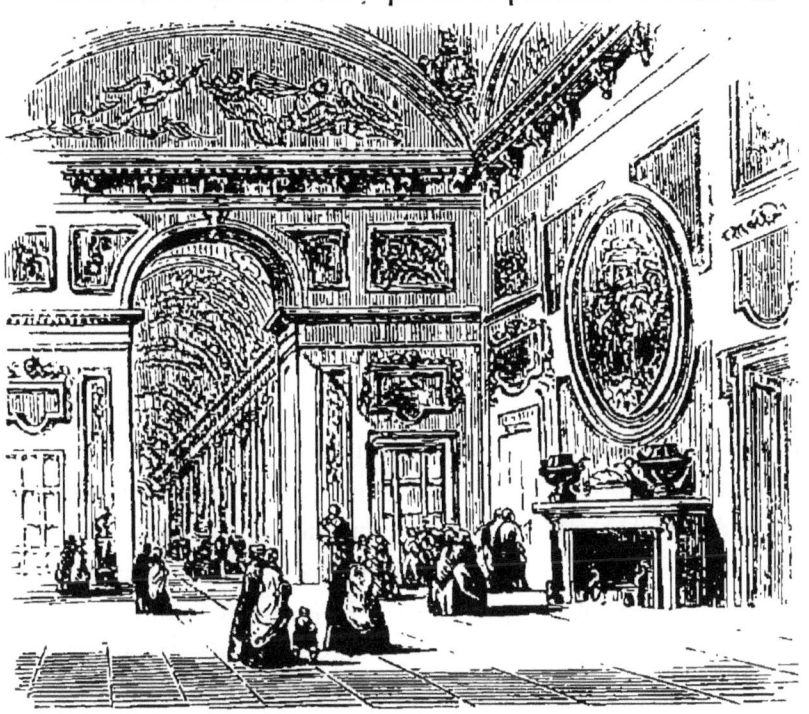

Salon de la Paix.

la Guerre, situé à l'autre extrémité. On traverse la chambre à coucher de la reine (101), ornée de dessus de porte de Boucher; le salon de la reine (102); le salon du grand couvert de la reine (103), où l'on voit un beau tableau de Paul Véronèse, *Saint Marc l'évangéliste*; enfin la salle des gardes de la reine.

On remarque dans la salle du Sacre (130) le tableau de David, le *sacre de Napoléon*. On a réuni dans les salles des campagnes de la République (131, 132, 133,

134) les tableaux qui retracent les principaux traits de cette époque mémorable où la France s'est montrée aux yeux de l'Europe si fière et si glorieuse.

Dans la salle dite de 1792 (135), on retrouve les portraits de tous nos généraux républicains qui ont eu l'honneur de diriger ce premier élan national, qui a suffi à lui seul pour immortaliser à tout jamais les débuts héroïques de notre Révolution.

On traverse la salle des Gouaches (140) et on arrive dans cette galerie des Batailles (137), si curieuse et si digne d'intérêt à la considérer plutôt dans son ensemble que dans les détails. On revoit toujours avec plaisir le tableau de Gérard justement populaire, l'entrée de Henri IV à Paris.

On trouve dans le salon de 1830 (138) les tableaux qui ont rapport au premier établissement du règne de Louis-Philippe. On monte au second étage, dans l'attique du midi (160). Cette galerie contient les portraits des hommes célèbres du xviiie siècle et de la Révolution. Plusieurs de ces portraits, qui passent pour des œuvres de maîtres, sont signés des noms de Greuze, David, Gros, Girodet, madame Vigée-Lebrun, etc...

Viennent ensuite les salles des résidences royales (161) où l'on voit douze vues de résidences royales qui devaient être exécutées en tapisserie à la manufacture des Gobelins. On passe de là dans les galeries de portraits de l'Empire et de la Restauration (162 et 163).

On descend au rez-de-chaussée par les escaliers de stuc et de marbre, et on se trouve dans les *Galeries de l'Empire* (60 à 74). Toutes les grandes batailles de l'Empire retracées par les maîtres du temps, ont été rassemblées dans ces galeries. On admire surtout la bataille des

Pyramides, qui est considérée comme un des bons ouvrages de Gros.

La galerie des statues et des bustes (75) contient les statues et les portraits en marbre ou en bronze des hommes qui ont marqué dans la guerre depuis 1792 jusqu'en 1814.

Nous nous contenterons de désigner les diverses séries de portraits contenus dans les salles des amiraux, des connétables et des maréchaux (de 40 à 49); des connétables (42), des maréchaux (de 43 à 49), des rois de France (29); enfin la salle des tableaux plans (de 24 à 27), et celles des guerriers célèbres (57 et 58), par lesquelles nous terminerons notre excursion dans les galeries du musée.

Il ne faut pas oublier de visiter dans le château de

Galerie des voitures historiques.

Versailles le *Musée des voitures et des harnais historiques*. Il renferme cinq voitures, dont la plus belle est celle du sacre de Charles X. Les autres sont connues sous les noms de la *Victoire*, la *Turquoise*, la *Topaze* et le *Baptême*, et servaient à la cour impériale. On y remarque en outre les selles de Louis XVI, du premier consul et de Charles X, puis les deux chaises à porteurs de madame de Maintenon et celle de Marie Leckzinska.

VII. — LE PARC ET LES GRANDES EAUX.

Le visiteur doit commencer, en sortant du musée, par examiner la belle façade qui donne sur le jardin, ce qui permet d'apprécier l'étendue et les proportions de l'ancienne résidence de Louis XIV.

On a souvent critiqué cette façade, qui n'est pas, en effet, exempte de tout reproche. Les ailes sont trop étendues et nuisent à l'harmonie de l'ensemble : des lignes si longues fatiguent l'œil par une trop constante uniformité. Quoi qu'il en soit, la façade du château de Versailles est un rideau d'architecture des plus imposants. Il n'est personne qui n'éprouve, au premier aspect, un sentiment de surprise et d'admiration qui résiste même aux critiques de détail les mieux fondées.

Nous visiterons les jardins un jour de grandes eaux ; c'est le moyen le plus sûr de les apprécier dans toute leur beauté. L'animation d'un jour de fête ne peut qu'ajouter encore au charme de cette promenade magnifique. En examinant successivement chaque pièce d'eau on se

trouve avoir parcouru à peu près toutes les parties du jardin.

Le grand parterre qui se trouve devant le château s'appelle le *Parterre d'eau*.

Pour ne rien omettre et n'avoir pas à revenir sur nos pas, nous commencerons par nous diriger à gauche vers le parterre du midi, afin de visiter d'abord l'orangerie, qui mérite d'être considérée comme une des merveilles de Versailles.

Dans un parterre orné d'une gerbe très-élevée, encadré de belles galeries surmontées des deux fameux escaliers aux cent marches, qui se déploient majestueusement de chaque côté de l'orangerie, on découvre la plus riche collection de ces arbres vraiment royaux qui se marient si bien avec la magnificence des palais.

Plusieurs de ces orangers remontent au temps de François Ier. L'un d'eux, surnommé le *Grand-Bourbon*, a été acheté en 1530, à l'époque de la confiscation des biens du connétable. Il était alors considéré déjà comme séculaire.

On a devant soi la *pièce d'eau des Suisses*, encadrée par les ombrages de Satory et les deux avenues latérales. Ce beau lac doit son nom au régiment suisse qui fut employé à le creuser.

On aperçoit dans le fond, au milieu des arbres, une statue équestre, composition assez médiocre du Bernin. Cette production, qui devait être la statue de Louis XIV, devint celle de Martius Curtius par la volonté de l'artiste mécontent de son œuvre.

En traversant le parterre du midi, que l'on appelait autrefois le parterre des fleurs, on remarquera deux beaux sphinx en marbre blanc, sur lesquels se trouvent des enfants en bronze, des vases en bronze et en marbre, d'un modelé très-élégant. A l'angle du parterre on voit une statue de femme couchée, faite d'après l'antique, par Vanclive.

Nous examinerons les bassins dans l'ordre où ils jouent les jours des grandes eaux, de manière à épargner des pas inutiles aux promeneurs, qui n'auront pas ainsi à craindre de s'égarer ni de rien omettre.

Nous voici revenus au grand parterre d'eau devant la façade du château.

On regarde comme des œuvres d'art de la plus grande beauté les vingt-quatre bronzes fondus par les frères Keller, qui se trouvent autour des deux bassins. Ces bronzes, qui représentent les principales rivières de France, ont été modelés par Coysevox, Magnier, Tuby, Regnaudin, Lehongre.

On admire aussi les deux vases en marbre blanc placés aux deux angles de la terrasse même du château : celui du nord, fait par Coysevox, représente la victoire que les impériaux remportèrent sur les Turcs avec l'aide de Louis XIV. Celui du midi, fait par Tuby, représente les victoires de Louis XIV en Flandre.

Une gerbe haute de dix mètres entourée de petites gerbes accessoires s'élève du milieu de chaque bassin.

De chaque côté du grand parterre on rencontre les deux buffets d'eau si élégants surnommés, celui de droite, *Fontaine de Diane*, et celui de gauche *Fontaine du Point du jour*. Les animaux qui lancent de l'eau sont très-estimés. Le tigre qui terrasse un ours et le chien qui abat un cerf sont de Houzeau; le lion qui terrasse un loup est de Vanclive; le lion combattant un sanglier est de Raon.

Les statues près de la *Fontaine du Point du jour* représentent, l'une l'*Eau*, par Legros; l'autre le *Printemps*, par Maguin (dessins de Lebrun). Celles de la *Fontaine de Diane* représentent le *Midi*, par Marsy, et le *Soir*, par Desjardins.

Nous entrons dans le *bosquet des bains d'Apollon*, le plus gracieux et le plus attrayant de tous ceux du parc. Le groupe d'*Apollon et des Nymphes*, par Girardon et Renaudin, si beau à travers la nappe transparente de la cascade qui les couvre à demi de son écume; les *Coursiers d'Apollon*, par Guérin; les *Tritons qui tiennent les coursiers*, par Marsy, sont regardés comme des morceaux de sculpture de premier ordre.

Le *bosquet d'Apollon*, avec son rocher si pittoresque et ses effets d'eau si capricieux et si variés, est préféré par beaucoup de personnes à d'autres pièces d'un caractère plus majestueux.

Nous gagnerons le *bosquet de Latone*, sans mentionner en détail les statues qui se trouvent du côté de l'allée montante ornée d'ifs taillés que nous suivons. Ces statues, d'après l'antique, sont généralement d'une exécution contestable. Nous ne devons nous attacher qu'aux choses d'élite.

Les deux vases de Dugoulon et de Drouilly qu'on voit au bas du grand escalier sont estimés. Les autres vases qui se trouvent autour du bassin de Latone sont de bonnes copies des vases antiques, que l'on voit à Rome à la villa Borghèse et à la villa Médicis.

Le *bassin de Latone* est considéré comme un modèle d'élégance. Rien de plus gracieux que ce tourbillon d'eau, qui enveloppe sans le dérober entièrement le beau groupe de Marsy, *Apollon et Diane*. Les petits jets d'eau si nom-

breux que lancent les grenouilles et les paysans à demi
métamorphosés en monstres marins, forment un contraste
très-animé et très-piquant avec le centre du bassin. Cette

Bassin de Latone.

pièce d'eau réalise un tableau complet, composé avec le
goût et les contrastes de l'art véritable.

Nous remonterons la rampe circulaire parallèle à celle
que nous venons de descendre, pour examiner quelques
statues remarquables, entre autres le *Point du jour*, par
Marsy; le *Poëme lyrique*, par Tuby; le *Feu*, par Dozier.

Avant de nous engager dans les bosquets de gauche,
nous n'avons pas manqué de saluer avec admiration, du
haut du grand escalier qui descend au bassin de Latone,
le magnifique point de vue que présente le tapis vert, qui
est le centre du parc, et que nous visiterons tout à l'heure,

puis le bassin d'Apollon, le grand canal si majestueux quand il se couvre dans la soirée des teintes rougeâtres du soleil couchant.

Nous entrons dans le *bosquet de la cascade*, que l'on appelle aussi la *salle de bal*.

Ce charmant bosquet, construit par Le Nôtre, représente une suite de gradins de coquillages que recouvrent les nappes d'eau en forme de cascades. A l'époque des fêtes de la cour, on illuminait ces gradins en dessous : on se figure l'effet magique que devaient produire au milieu d'une nuit de plaisirs, ces feux mystérieux se croisant avec les mille étincelles de l'eau.

Nous gagnerons le tapis vert, en donnant un coup d'œil en passant au petit bassin de Bacchus, que l'on considère comme un des plus jolis ouvrages de Marsy.

Tapis vert.

Le *tapis vert*, au bout duquel se trouve la magnifique *pièce du Dragon*, est le rendez-vous ordinaire, le point

Pièce du Dragon.

de réunion des habitants de Versailles. En été, les différentes musiques de la garnison exécutent des concerts sur l'emplacement circulaire qui se trouve devant le bassin de Latone.

Les statues ornant le tapis vert sont :

A droite :

Laocoon et ses fils (d'après l'antique).

La Fourberie, par Lecomte.

Une Junon antique en marbre de Paros.

L'Empereur Commode en Hercule tenant un enfant, par Jouvenet.

Vénus de Médicis, copie de Frémery.
Cyparisse caressant un cerf, par Flamen.
Artémise, par Lefèvre et Desjardins.
Ino et Mélicerte, par Granier.
Les statues de gauche sont :
Castor et Pollux, par Coysevox.
Ania et Pétus, copie de l'antique, par l'Espignola.
La Fidélité, par Lefèvre.
Vénus sortant du bain, par Legros.
Un Faune chasseur, par Flamen.
Didon sur le bûcher, par Pouletier.
Une Amazone, copiée de l'antique, par Raon.
Achille sous l'habit de Pyrrha, par Vigier.
Aristée liant Protée, par Sloots père.

Vers le milieu du tapis vert, à gauche en descendant, on découvre le magnifique bosquet de la *colonnade*, plus remarquable encore comme morceau d'architecture que comme effet d'eau. Cette galerie circulaire, ornée de colonnes en marbre de plusieurs couleurs, est d'une élégance extrême. Elle devient plus belle encore quand elle est animée et rafraîchie par cette suite de jets d'eau moyens qui s'élèvent des vingt-huit cuvettes en marbre blanc disposées à l'entour.

Le groupe du milieu, l'*Enlèvement de Proserpine*, par Girardon, est au nombre de ses ouvrages les plus parfaits. Le bosquet de la *colonnade* doit à ce beau groupe d'être appelé souvent dans l'usage le *bosquet de Proserpine*.

Nous reprenons le tapis vert pour descendre jusqu'au *bassin d'Apollon* le plus grand de tous ceux du parc après la pièce de Neptune. Le groupe tout entier, le dieu, les chevaux du char, les Tritons, sont l'ouvrage **de Tuby**

Bosquet de la Colonnade.

sur les dessins de Lebrun. Les trois jets qui s'élancent du groupe sont très-abondants et très-énergiques, conformes au caractère du bassin, qui termine à merveille la perspective.

On quitte le bassin d'Apollon et on remonte le tapis vert pour entrer, à gauche, vers le milieu, dans le *bosquet des Dômes*, le seul des bosquets du parc que l'on ait laissé tomber en ruines, et qui ne mérite guère d'être considéré longtemps.

On examine successivement le *bassin d'Encelade*, si curieux, et dont le jet d'eau n'a pas moins de vingt-trois mètres de haut; le *bassin de Flore*, remarquable seulement par le joli groupe de Tuby; puis le *bassin de l'Obélisque* ou *des cent tuyaux*, dont on prend à peine le temps d'admirer l'effet original et gracieux au milieu des merveilles dont on est entouré.

On arrive enfin au plus important et au plus extraordinaire de tous les bassins, celui que l'on peut considérer comme le couronnement, le *bouquet* de tous ces effets d'eau magiques que l'on vient d'examiner successivement. On devine que nous voulons parler du *bassin de Neptune*.

On fera bien d'arriver si l'on peut avant la naissance de la pièce. On éprouvera un redoublement de surprise et d'admiration à voir ces mille jets d'eau s'élancer tous à la fois, humbles et intermittents à leur début, mais bientôt abondants, fiers et continus, de manière à former une véritable forêt de cascades, de bouillons, de fusées hydrauliques de toute espèce.

C'est à peine si on a le temps, au milieu de l'enchantement qu'on éprouve, d'arrêter les yeux sur ces vingt-deux magnifiques vases en bronze qui entourent le bassin, et sur les groupes gigantesques du milieu de la pièce et des deux extrémités, productions pleines de grâce à la

Bassin de Neptune.

fois et de majesté, qui appartiennent à Girardon, Bouchardon et Lemoine.

On quitte le bassin de Neptune pour suivre l'*allée d'eau*, si bien dessinée par Perrault, où l'on trouve sept jolis groupes d'enfants, auxquels on peut reprocher un peu trop d'afféterie dans les poses, mais qui ont ce genre de grâce minaudière qui convient à la petite sculpture d'ornement.

A l'extrémité de l'*allée d'eau*, on remarque au fond du bassin servant de décharge à la fontaine de la *Pyramide*, un bas-relief de Girardon, qui représente des

Nymphes au bain. C'est aussi Girardon qui a dessiné la fontaine de la *Pyramide*, appelée vulgairement, et très-vulgairement, *pot bouillant*. Cette fontaine, qui ressemble à un véritable bouquet d'eau avec ses étages de petites cascades, est destinée à servir de point de vue au magnifique bassin de Neptune.

Nous terminons ici notre revue des eaux de Versailles, qui, pour avoir été rapide et sommaire, n'en a pas moins été aussi complète que possible.

Nous avons omis à dessein un très-petit nombre de bassins insignifiants que les promeneurs ne doivent examiner qu'en passant et sans s'arrêter, pour ne pas perdre un temps précieux.

Les eaux de Versailles ont nécessairement, comme tous les tableaux complets, leurs accessoires et leurs remplissages. Il est donc inutile d'insister sur les pièces d'eau faites pour la perspective et non pour le spectateur.

On ne quittera pas l'enceinte du parc sans avoir visité le *Jardin du roi*, qui se trouve vers le milieu du tapis vert, à gauche.

Sur l'emplacement d'un ancien bassin abandonné, Louis XVIII a fait planter un charmant parterre de fleurs dessiné sur le patron des parcs anglais. Ce bosquet si bien entretenu, orné de beaux massifs de fleurs, forme un agréable contraste avec le caractère général du jardin, uniformément majestueux.

Le *bosquet de Vénus*, que l'on appelle quelquefois le *bosquet de la reine*, mérite aussi d'être visité. On y voit un magnifique quinconce de tulipiers et une belle collection d'arbres exotiques.

VIII.— LES DEUX TRIANONS.

On ne peut guère se dispenser, lorsqu'on a visité le parc de Versailles, de faire le trajet de Trianon, ne fût-ce que pour se reposer des aspects solennels du palais et des jardins.

Cette charmante habitation de plaisance, située à une petite distance du parc, a été construite sur les dessins de Mansard, sous le règne de Louis XIV.

La façade du palais du grand Trianon est ornée de

Grand Trianon.

colonnes en marbre vert de Campan, contrastant avec d'autres colonnes en marbre rouge du Languedoc. Rien de plus élégant et de plus harmonieux que l'ensemble du bâtiment.

Les appartements méritent d'être visités : on y voit un grand nombre d'objets rares, de meubles précieux, entre autres la belle coupe en malachite donnée par l'empereur Alexandre à l'empereur Napoléon; plusieurs tableaux remarquables, parmi lesquels on remarque les portraits de madame de Maintenon, de Marie Leczinska, de Louis XV, de Marie-Thérèse, de Marie-Antoinette.

On voit dans les jardins plusieurs ouvrages de Coustou, du genre allégorique, entre autres les deux portraits de Louis XV et de Marie Leczinska.

Le petit Trianon ne se compose, en fait de bâtiments,

Petit Trianon.

que d'un simple pavillon que l'on peut considérer plutôt comme un pied-à-terre royal que comme une résidence. Louis XV, qui mit à la mode les petits châteaux et les petits appartements, avait en grande affection cette habitation retirée, qui a abrité de trop nombreux scandales galants.

Le jardin du petit Trianon mérite surtout d'attirer l'attention du promeneur. Ce jardin, on ne peut mieux dessiné, est rempli de détails charmants, de belles pelouses, de mouvements de terrain merveilleusement ménagés, de lacs, de grottes, de pavillons, de ponts rustiques, de rochers et de cascades.

Le petit Trianon fut donné par Louis XVI à Marie-Antoinette, qui fit construire ce fameux *hameau* que les curieux ont tant de plaisir à parcourir. En effet, outre l'intérêt et le prestige des souvenirs, il faut avouer que plusieurs de ces maisonnettes enveloppées de lierre, et représentant la résidence du *curé*, du *bailli*, de la *laitière* et du *seigneur*, forment un tableau très-gracieux autour du grand lac sur lequel on a construit la *Tour de Marlborough*, d'où l'on embrasse toute la vue du jardin et des alentours.

On fera bien de ne pas s'attacher seulement à la partie anglaise du petit Trianon, mais de visiter aussi les parterres qui se trouvent à gauche en entrant, et qui contiennent une très-belle collection de roses et de dahlias.

IX. — LES ENVIRONS DE VERSAILLES.

La ville de Versailles possède, en dehors du château, du parc, des deux Trianons, plusieurs points dignes d'intérêt et que n'omettront sans doute pas les personnes qui ont plus d'une journée à donner à cette belle ville.

On visitera donc les avenues, les boulevards, les deux églises Notre-Dame et Saint-Louis, qui sont d'un bon style d'architecture et contiennent quelques peintures remarquables; les marchés récemment construits et faisant beaucoup d'honneur au goût des habitants, qui ont compris ce à quoi les obligeaient les origines et le caractère de leur ville; le jardin potager, dessiné par La Quintinie, où l'on voit une si magnifique collection de fruits; la bibliothèque, située dans l'ancien hôtel des Affaires-étrangères, et contenant 50,000 volumes dans le plus bel état de conservation; les deux bâtiments des écuries royales convertis aujourd'hui en casernes; enfin la fameuse salle du Jeu de Paume, où a eu lieu la séance mémorable qui est devenue une des premières étapes de la Révolution française.

Mais ce qu'on ne saurait trop recommander aux personnes qui ont plusieurs jours à passer à Versailles, ce sont ces délicieux environs, ces mille promenades si variées dans les bois du grand parc.

On ne peut sortir par aucun côté de la ville sans se trouver au milieu de sites ombragés et pittoresques. Les alentours du canal représentent à eux seuls une longue suite d'avenues et de pelouses qu'on ne se lasse jamais de parcourir.

En visitant le magnifique hippodrome de Satory, on ne peut guère se dispenser de s'égarer dans ces bois remplis de ces brusques échappées, de ces coteaux verdoyants donnant tant de charmes aux sites de Versailles.

Saint-Antoine, Vaucresson, Marne, la Selle-Saint-Cloud, le délicieux rendez-vous de chasse de Butard,

Beauregard, Roquencourt, Bailly, et une foule d'autres localités dont la liste serait infinie, offrent au promeneur autant de buts d'excursions diverses qui se font soit à travers les bois, soit au milieu d'une campagne animée par la plus riche culture.

X. — ROUTE DE VERSAILLES A RAMBOUILLET.

Saint-Cyr. — Pontchartrain. — Port-Royal. — La Ville-Dieu. — La Verrière. — Le Mesnil Saint-Denis. Chevreuse. — Dampierre. — Maurepas. — Le Tremblay. — Le Val de Cernay. — Saint-Hubert. — Montfort-l'Amaury.

Nous suivrons pour nous rendre à Rambouillet, qui est un des points les plus intéressants des environs de Paris, le chemin de fer de l'Ouest, qui conduit à Rambouillet même. Nous indiquerons sur notre route, comme nous avons fait précédemment, les localités méritant de fixer l'attention des voyageurs.

Nous arrivons à Saint-Cyr après avoir quitté Versailles.

Il nous faudrait un volume entier si nous voulions transcrire tous les souvenirs qui se rattachent à ce village célèbre. Nous aurions à retracer une partie du règne de Louis XIV, toute la seconde moitié de l'histoire de madame de Maintenon, qui fonda à Saint-Cyr un pensionnat consacré exclusivement aux pauvres filles nobles et sans fortune.

Ce serait faire injure aux lecteurs que de leur rappeler qu'*Esther* et *Athalie* ont été composées expressément pour ce pensionnat. Les détails abondent sur Saint-Cyr dans Saint-Simon, les Lettres de madame de Maintenon, et dans toutes les chroniques du xviie siècle.

Nous devons nous borner à noter ce singulier jeu du

Saint-Cyr.

hasard et du temps qui a fait d'une ancienne maison de haute piété une école militaire où sont élevés maintenant les futurs officiers de nos armées.

Nous entrons dans la belle et fertile plaine de Trappes, où l'on découvre plusieurs de ces immenses métairies qui ont fait de quelques-uns des hauts fermiers de Seine-et-Oise de véritables barons et seigneurs ruraux.

Nous remarquerons en passant les deux grands étangs

de Saint-Quentin et de Bois-d'Arcy qui sont au nombre des plus importants réservoirs destinés à alimenter les eaux de Versailles.

A la station de Trappes on trouve des voitures qui conduisent au château de Pontchartrain, appartenant aujourd'hui au marquis d'Osmont.

Ce magnifique domaine a passé des mains du chancelier de Louis XIV successivement dans celles de Maurepas, du comte de Brisson, gouverneur de Paris, du grand louvetier des Teillères. La rivière la Mauldre, qui borde la propriété et répand dans le parc des eaux vives du plus riant effet, les allées si touffues, les parterres si bien entretenus, les arbres exotiques qui ornent les pelouses, valent bien les quelques heures d'arrêt que l'on s'impose pour visiter cette belle terre de Pontchartrain.

Après Trappes vient Port-Royal.

On cherche en vain quelques vestiges de cette abbaye si fameuse au XVIIe siècle, un coin de chapelle et d'arcade qui dise : Ici ont vécu et pensé les immortels adversaires des jésuites, les Nicole, les Sacy, Arnault d'Andilly, le grand Arnault, et Pascal, plus grand que tous les autres. Plus rien qu'une ferme paisible dont les habitants sont loin de soupçonner assurément à quels souvenirs et à quels hommes ils ont succédé.

Avant d'arriver à la Verrière, on remarque la ferme de la Ville-Dieu, dans la commune d'Élancourt, qui appartint successivement aux Templiers et aux chevaliers de Saint-Jean de Jérusalem et de Malte. La chapelle, d'un gothique primitif, mérite l'attention. Elle a eu le sort de beaucoup de vieux monuments, elle sert de magasin à la ferme dont elle fait partie.

La Verrière et le Mesnil-Saint-Denis n'offrent rien de

remarquable, à moins que l'on ne tienne à savoir que la terre de la Verrière fut vendue à la famille Séguin au commencement du xvie siècle, et celle du Mesnil-Saint-Denis à la famille Habert à peu près vers la même époque ; de tels souvenirs n'ont pas grand intérêt pour nous aujourd'hui.

La vieille abbaye de Notre-Dame-de-la-Roche, qui se trouve à quelques minutes du Mesnil-Saint-Denis, est un monument du xiiie siècle des plus curieux. Le style de l'architecture extérieure a quelque chose de sombre et de rude attestant l'ancienneté de l'édifice. L'intérieur est beaucoup plus orné. On remarque sur les murs les vestiges des peintures qui les recouvraient autrefois. Les voûtes sont fines et légères. On admire comme des productions précieuses de l'art du moyen âge les stalles des chanoines et les statuettes décorant les autels.

Nous entrons maintenant dans la riante vallée arrosée par la rivière de l'Yvette, que l'on considère avec les vallées de Senlis et de Dampierre comme une des plus jolies parties des environs de Paris. Cette vallée, remplie de châteaux, de maisons de campagne, de parcs, de jardins, offre aux peintres paysagistes des sujets de tableaux à l'infini.

On remarquera les ruines de l'ancien château fort de Chevreuse, qui remonte au xe siècle. Au lieu de fouiller, les chroniques en mains, les décombres de ce château, se perdant avec les origines des seigneurs de Chevreuse dans la nuit de l'histoire, on préférera sans doute s'attacher à l'admirable perspective que déploie la vallée de l'Yvette, et dont on jouit du pied du château.

Une fois à Chevreuse, on ne peut guère se défendre d'étendre son excursion jusqu'à Dampierre, l'un des châteaux les plus complets et les mieux conservés de l'époque de Louis XIII.

Le duc de Luyne, le propriétaire actuel de Dampierre, qui est, comme on sait, un amateur très-éclairé des beaux-arts, n'a pas peu contribué à la conservation de ce château. Il s'est même arrangé pour le garantir de la destruction pour une longue suite d'années, en prenant le soin de faire revêtir une des principales galeries de peintures à fresques dues au pinceau de M. Ingres.

A la Verrière, les voyageurs trouvent un omnibus qui les conduit à Montfort-l'Amaury, en passant par Maurepas et le Tremblay. On voit à Maurepas les ruines de l'ancienne résidence des sires de Maurepas. Le Tremblay possède un château, qui appartient au marquis de Vérac.

Nous indiquons seulement Cognères, le hameau de la Maison-Blanche, l'Arvoire, Des Essarts, Le Roi, localités sans intérêt.

On fera fort bien, si on ne tient pas absolument à voyager tout d'une traite, de suivre la vallée qui conduit à la belle abbaye du Val-de-Cernay. On ne regrettera certainement pas cette excursion quand on verra dans quel site admirablement pittoresque est placé cet intéressant monastère, dont l'existence se rattache à l'époque de la reine Blanche et de saint Louis.

Nous arrivons au hameau de Saint-Hubert, où se trouvait le rendez-vous de chasse si riche et si voluptueux que fit construire Louis XV, et que Louis XVI ordonna d'abattre, afin, a-t-on dit, d'enlever des yeux du public un toit et des murailles qui furent témoins souvent de honteuses scènes de débauches.

Nous voyons se déployer devant nous l'immense étang

de Saint-Hubert, puis les cinq autres étangs qui viennent à la suite et forment une étendue d'eau à perte de vue, coupée seulement par les chaussées qui servent de jonction aux avenues de la forêt de Rambouillet.

Ces étangs ne peuvent se comparer qu'à ceux de Morfontaine, plus gracieux peut-être et plus élégamment encadrés, mais qui n'ont pas ce caractère de majesté grandiose.

Nous nous trouvons au milieu de la forêt de Rambouillet, dont on a vanté si souvent les belles chasses, les avenues si étendues et si pittoresques.

Les promeneurs ne manqueront pas sans doute de visiter cette forêt dans tous les sens, ils tiendront à la connaître dans ses moindres parties. Nous citerons parmi les sites les plus renommés les étangs de Coupe-Gorge et de Gruyer, la Glacière, la Table-Ronde, la Croix-Villepert.

On a comparé à juste titre aux perspectives de la Bretagne et de la Normandie le magnifique panorama de prairies et de verdure que déploie la vallée des Mesnuls.

On peut, en quittant cette vallée, se rendre à Montfort-l'Amaury, chef-lieu de canton de l'arrondissement de Rambouillet, ancienne ville féodale, qui n'a plus rien aujourd'hui de ses tourelles à créneaux et des fortifications qui l'enveloppaient à l'époque où les puissants barons de Montfort luttaient avec les rois de France.

On cite la porte gothique du cimetière de Montfort-l'Amaury comme ayant servi à Cicéri pour faire sa décoration de l'acte des tombeaux dans *Robert le Diable*.

Le chemin de fer pénètre dans la partie de la forêt de Rambouillet qu'on appelle la *Forêt-Verte*, après avoir côtoyé les canaux qui amènent à Versailles les eaux des étangs de Rambouillet, et nous dépose enfin au but de notre excursion.

Rambouillet. — Rambouillet est à 48 kilomètres sud-ouest de Paris, à 32 kilomètres sud-ouest de Versailles, et à 40 kilomètres nord-est de Chartres.

La ville est située dans une vallée peu profonde; elle est bâtie avec régularité et a ce caractère de calme voisin de la tristesse qui ne messied pas aux villes qui ont été autrefois des résidences royales.

Rien de curieux dans la ville même; toute l'attention du visiteur doit se porter sur le parc et le château.

Ce château, flanqué de tours massives, a été construit en forme de fer à cheval.

On regrette que des remaniements trop fréquents lui aient enlevé une partie de sa phy-

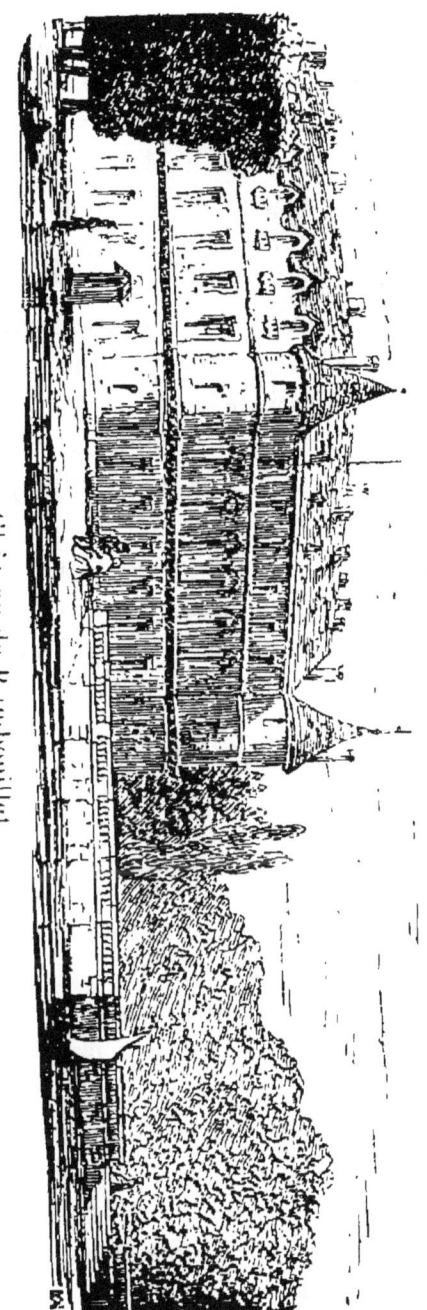

Château de Rambouillet.

sionomie primitive. On sait que les replâtrages modernes sont généralement assez peu favorables aux anciens monuments. Il est bien rare qu'en voulant les réparer on n'altère pas leur caractère.

Le château de Rambouillet, dont l'origine se perd dans la nuit des époques féodales, n'a pas échappé à cette calamité des réparations. Tel qu'il est cependant, il ne laisse pas d'avoir un grand aspect et de faire au premier abord une vive impression sur l'esprit du visiteur.

On montre dans l'intérieur de la grosse tour la chambre où est mort François 1er.

Le château de Rambouillet, dont l'histoire véritable ne commence guère que vers le XVIe siècle, était alors dans la famille d'Angennes et passa ensuite à celles de Saint-Maure Montausier et d'Uzès. Il devint plus tard la propriété du comte de Toulouse, duc de Penthièvre, et fut érigé en duché-pairie par Louis XIV. Louis XVI l'acheta du duc de Penthièvre, et y fit de nombreuses améliorations. C'est à lui que l'on doit la construction de la fameuse bergerie consacrée à l'amélioration des races ovines.

On se souvient que Rambouillet devint le lieu de refuge de Charles X et de sa suite lorsqu'il fut forcé d'abandonner Paris en 1830.

Les parcs qui touchent au château et à la forêt sont de la plus grande beauté. On admire surtout les pièces d'eau, les quinconces si riches en verdure, les avenues, entre autres celle qui est entièrement composée de cyprès de la Louisiane semés et poussés à Rambouillet même.

On ne se lasse pas de parcourir cette partie du parc appelée le *Jardin anglais*.

Le duc de Penthièvre a fait construire le rocher,

creuser la rivière, élever la chaumière de coquillages.

La laiterie de la reine est le fruit d'une inspiration de Louis XVI, qui, voulant que Marie-Antoinette prit goût aux jardins et au séjour de Rambouillet, lui fit construire cette laiterie sur le modèle de celle de Trianon, afin de remplacer un hochet par un autre.

On voit dans les jardins de Rambouillet une foule d'arbres exotiques, des mélèzes de haute futaie, des épicéas, des chênes rouges d'Amérique, des miricas, des liquidambars, etc....

En quittant la laiterie, on prend une avenue montante qui se trouve à gauche, et on va visiter les troupeaux mérinos et la *ferme nationale*, deux des principales curiosités de Rambouillet.

Depuis 1848, les beaux jardins de Rambouillet étaient devenus le théâtre de fêtes champêtres dans le style des autres bals des environs de Paris.

On a beaucoup déploré, comme une profanation, cette destination nouvelle donnée au parc et au château. Il n'est pas toujours aussi regrettable qu'on le pense de voir les grandes résidences princières passer quelquefois dans l'usage et les plaisirs du public. C'est peut-être le plus sûr moyen de les préserver de l'abandon et de la ruine.

Principaux hôtels de Rambouillet : — *Du Dauphin*; *Hôtel de France*.

XI. — DE PARIS A SAINT-GERMAIN (CHEMIN DE FER).

Asnières — Colombe. — Argenteuil. — Nanterre. — Rueil. — Chatou. — Le Pecq.

Nous suivrons, pour le trajet de Paris à Saint-Germain, la méthode que nous avons adoptée pour Versailles. Nous ferons le voyage à la fois par le chemin de fer et par l'ancienne route, ce qui nous permettra de passer en revue toutes les localités intéressantes que l'on trouve entre Paris et Saint-Germain.

Les stations du chemin de fer de Saint-Germain sont :

Asnières, que nous avons eu déjà occasion d'examiner en nous rendant à Versailles;

Colombe et Argenteuil, jolis pays que l'on peut se contenter de voir en passant ;

Nanterre et Rueil, que nous retrouverons sur l'ancienne route ;

Chatou, peuplé de si charmantes maisons de campagne, égayé d'ailleurs par le voisinage des îles de Chiard et de Croissy, qu'affectionnent tant les nageurs et les canotiers.

Enfin le Pecq, qui était autrefois le terme du voyage en chemin de fer, avant que le système de locomotion atmosphérique eût transporté les voyageurs jusqu'à l'éminence même sur laquelle est situé Saint-Germain.

On doit reconnaître que la route que suit le chemin de fer de Paris à Saint-Germain est beaucoup moins variée que celle des deux chemins de fer de Versailles. La traversée du bois du Vésinet, qui se trouve près du pont du Pecq, est la partie la plus agréable du voyage.

En suivant l'ancienne route, on trouve beaucoup plus de sites pittoresques et de points de vue intéressants, ce qui explique pourquoi cette voie, qui ne peut en aucune façon lutter avec le chemin de fer, n'est pas encore entièrement abandonnée, à l'heure qu'il est, des touristes et des curieux.

XII. — L'ANCIENNE ROUTE DE SAINT-GERMAIN.

Sablonville. — Neuilly. — Nanterre. — Rueil. — La Malmaison. — Bougival. — Louvecienne. — Marly-le-Roi.

On sort de Paris par l'arc de triomphe de l'Étoile; on suit la belle allée de Neuilly jusqu'à l'entrée du bois de Boulogne qu'on appelle la porte Maillot.

Nous ferons là une première station pour jeter un coup d'œil en passant sur Sablonville, joli village de fraîche construction qui se trouve à notre droite.

A gauche, nous avons le bois de Boulogne qui est, comme chacun sait, la grande promenade des Parisiens, le point de rendez-vous des voitures, des cavaliers, du monde élégant.

Est-il besoin de recommander aux étrangers cette excursion que toutes les voitures leur feront faire dans le plus grand détail?

Le bois de Boulogne s'est enrichi depuis quelque temps d'une rivière artificielle, d'un rocher avec cascade, sans compter la ménagerie dont on compte bientôt le doter, et qui achèvera de le mettre sur le rang des plus beaux parcs anglais.

Nous arrivons à Neuilly, où la Seine nous présente une de ses plus gracieuses perspectives, avec ses petites îles si verdoyantes, ses contours flexibles bordés de jardins et de maisons de campagne. On visitera le beau parc de Neuilly, qui est ouvert tous les jours au public.

Voici le village de Nanterre, où est née sainte Geneviève, patronne de Paris. On y couronne une rosière tous les ans le jour de la Pentecôte. Les gâteaux de Nanterre, contrefaits dans toutes les rues de Paris, jouissaient autrefois dans le pays même d'une popularité qui a considérablement diminué depuis l'établissement du chemin de fer.

Rueil vient ensuite ; on aperçoit la rivière, des coteaux chargés de guirlandes de vignes. Les jardins deviennent plus profonds et plus variés, les maisons de campagne grandissent, prennent plus d'importance et visent aux proportions du château.

C'est à Rueil que commence la véritable route de Saint-Germain, qui ne cessera d'offrir jusqu'au point d'arrivée un ravissant panorama d'eau, d'habitations et de verdure que l'on verra se diversifier à chaque instant.

Le cardinal de Richelieu a eu sa résidence d'été à Rueil.

La cloche du village faisait rêver l'empereur Napoléon

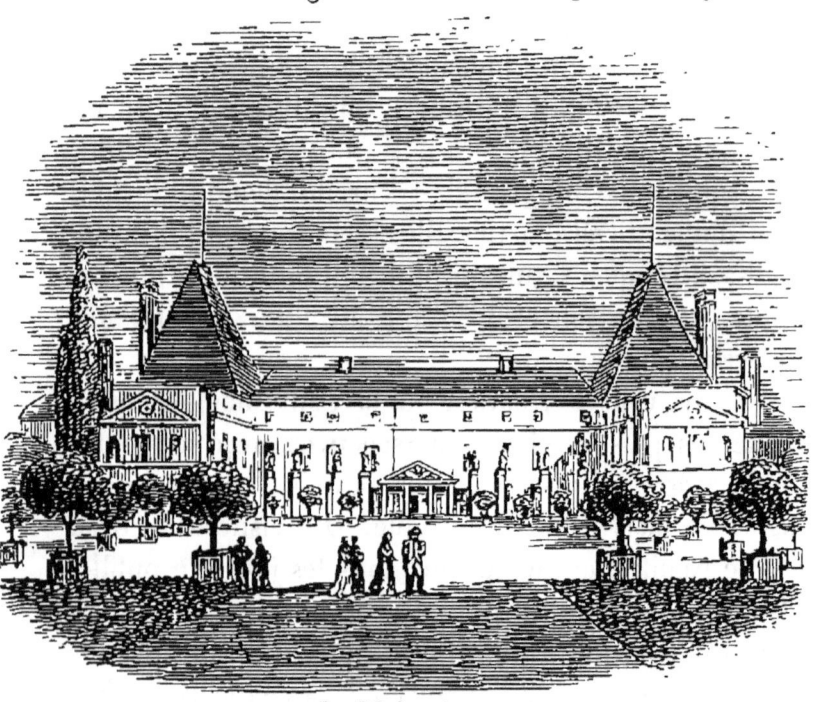

La Malmaison.

alors qu'il roulait dans son esprit, tout en se promenant dans les allées du parc de la Malmaison, ses grandes pensées de politique et de bataille.

Le domaine de la Malmaison, qui fut la retraite de l'impératrice Joséphine, a été vendu par lots, et a fait éclore une foule de petits *cottages* et de petits jardins établis sur l'emplacement de l'ancien parc. Le château a été conservé, et est devenu la propriété de la reine douairière d'Espagne Marie-Christine.

La perspective devient encore plus riante et plus gracieuse lorsqu'on arrive à Bougival. Les maisons de campagne se multiplient en si grand nombre et sous des aspects si variés, qu'on ne saurait les saluer toutes. Un chemin qu'on appelle la *route de la Princesse* conduit au charmant village de Louvecienne, où se trouve l'ancien pavillon de madame Dubarry, situé sur la hauteur.

A peu de distance de là, on aperçoit le pavillon de la Jonchère, qui a été la propriété du fameux financier Ouvrard.

Marly-le-Roi est célèbre par le château que Louis XIV avait fait construire, et dont il ne reste plus de vestiges aujourd'hui, et aussi par la machine qui est destinée à transporter l'eau de la Seine à Versailles. Deux roues de l'ancienne machine fonctionnent encore, comme pour témoigner des progrès que l'art hydraulique a faits dans les âges modernes. La machine actuelle, qui fonctionne à l'aide de la vapeur, est renfermée dans un bâtiment élégant qui se trouve sur la route même.

Les bois de Marly sont cités parmi les plus beaux des environs de Paris, aussi bien que ceux de la Celle-Saint-Cloud. Ce village dispute à Saint-Cloud lui-même l'honneur d'avoir servi de résidence particulière et de

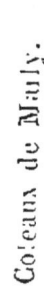

Coteaux de Marly.

lieu de pénitence à saint Clothoald ou Clodoald, dont le corps est enterré à l'endroit même où l'on a bâti l'église du lieu. Ce sont les antiquaires du pays qui l'assurent.

Ce qu'il y a de certain, c'est qu'un monastère fort riche existait déjà à la Celle du temps de Charlemagne, et a donné probablement son nom au village (*cella, cellule*). M. de La Rochefouchauld, le fils de l'auteur des *Maximes*, le favori de Louis XIV, fit construire à la Celle-Saint-Cloud un petit château, où il n'allait jamais, retenu qu'il était à la cour par cette assiduité auprès du grand roi qui a fait l'admiration et l'étonnement de ses contemporains. Sous le règne suivant, ce château a passé entre les mains de madame de Pompadour; il a fait longtemps partie des propriétés d'un pair de France connu par sa fortune, M. Morel de Vindé; il appartient maintenant à un riche Belge, M. Pescator, qui y a fait construire des serres qui renferment des collections de fleurs célèbres en Europe.

Les verts sentiers des bois de la Celle conduisent à Beauregard, ancienne maison de campagne du père Lachaise, charmante habitation, aujourd'hui complètement restaurée, appartenant à une Anglaise, miss Howard, et au pavillon du Butlard, construit par Louis XV pour servir de rendez-vous de chasse. La vue que l'on découvre des fenêtres de ce pavillon est l'une des plus belles des environs de Paris. Louis XVIII racheta cette propriété du maréchal Derignon; elle fait partie maintenant du domaine de l'État. Autrefois le garde donnait à dîner aux amateurs de pittoresque et de lapin sauté, mais la permission de tenir table ouverte moyennant une honnête rétribution ayant été retirée à ce fonctionnaire, ainsi qu'à tous ceux de son grade et de son ordre, force est au visiteur d'aller chercher son dîner à Versailles, qui n'est qu'à trois quarts d'heure de distance.

Les promeneurs qui ne sont pas prévenus se dédommagent de ce contre-temps en admirant les fresques qui ornent le salon du garde et en prenant une tasse de lait à la ferme.

On quitte les bords de la rivière, que l'on a suivis depuis Rueil; après avoir franchi une montée assez longue et assez rapide, on ne tarde pas à découvrir les premières maisons de Saint-Germain.

Saint-Germain. — Les Loges. — Maison-Laffitte.

Saint-Germain est une jolie ville de 13,000 à 14,000 âmes, qui pourrait avoir des rues plus larges et mieux percées, mais qui ne laisse pas d'avoir une certaine vie, un aspect de gaieté et d'animation que n'ont pas la plupart des villes de province.

Saint-Germain a vu naître Marguerite de Valois, la fille de François Ier, Henri II, Charles IX et Louis XIV.

La ville n'a rien de fort curieux en elle-même; les trois points réellement intéressants sont: le château, la forêt et l'admirable terrasse.

Le château, qui remonte, dit-on, au règne de Louis le Gros, a été démoli et reconstruit plusieurs fois, comme tous les bâtiments qui ont traversé ou sont censés avoir traversé une longue suite de siècles.

Rappeler les événements qui se sont passés dans ce château, ce serait dérouler l'histoire elle-même et se charger de raconter en grande partie les règnes de Henri II, de Charles IX, qui se retira à Saint-Germain pendant la Ligue ; de Henri III, qui y convoqua les notables ; de Henri IV, de Marie de Médicis, de Louis XIII, de Louis XIV.

Ce château est aujourd'hui d'un aspect sombre et qu

Château de Saint-Germain.

se marie assez mal avec l'aspect d'un lieu de promenad et de plaisir.

Nous rappellerons que Henri IV fit construire à l'extrémité de la terrasse un pavillon pour Gabrielle, et qui a reçu le nom de *pavillon Henri IV*. Ce pavillon est devenu un restaurant, qui est réputé le premier de Saint-Germain, celui que les visiteurs et les étrangers ont adopté de préférence à tous les autres.

Vue prise de la terrasse de Saint-Germain.

La terrasse de Saint-Germain a été dessinée par Le Nôtre, qui a laissé là autant et plus que partout ailleurs la marque de son génie.

La vue dont on jouit de la terrasse est sans doute une des plus belles du monde : essayer seulement d'en décrire les détails et les mille incidents, ce serait risquer d'en affaiblir l'effet.

Cette terrasse est sillonnée sans cesse de voitures élégantes, de ces cavalcades improvisées si joyeuses qui s'élancent sur des chevaux loués à l'heure dans les avenues de la forêt.

La forêt de Saint-Germain est de la plus grande beauté, remplie de charmants points de vue, percée de routes infinies ; elle est à la fois riante et grandiose, animée comme une fête à certains moments de la journée ; à d'autres heures, le matin et le soir par exemple, elle offre aux promeneurs solitaires le calme et le silence d'un parc de particulier.

Les points les plus remarquables sont la Faisanderie, le pavillon de la *Muette*, que François Ier a fait construire au centre de huit routes, enfin au bout de la route qui se trouve en face du château la maison des *Loges*, qui servit de retraite à madame Dubarry pendant la dernière maladie de Louis XV.

On ne peut guère se dispenser, au mois de septembre, de choisir pour faire le trajet de Saint-Germain un des jours de la *fête des Loges*.

Cette foire, si curieuse, est regardée comme une des plus gaies et des plus originales des environs de Paris. On y a maintenu des traditions de cuisines en plein air et de banquets sous les ombrages qui rappellent les fameuses noces de Gamache, et sont faits pour divertir au moins autant ceux qui les regardent que ceux qui y participent.

Fête des Loges.

Nous mentionnerons comme le dernier point de l'excursion que nous venons de faire, Maison-Laffitte, qui se trouve situé à 7 kilomètres après Saint-Germain, sur la route de Rouen.

Le château, bâti par Mansard, est d'un bel aspect et se détache bien au milieu des masses de verdure qui l'entourent.

Le parc a été vendu par lots comme celui de la Malmaison, et n'a pas tardé à se couvrir de ces maisonnettes rustiques accompagnées de quelques toises de jardins qui sont si bien dans les goûts soi-disant champêtres d'une certaine classe de a population parisienne.

XIII. — FONTAINEBLEAU
(Gare de Lyon : trajet 1 heure 1/2.)

Fontainebleau est un des lieux de plaisance des environs de Paris qui attirent le plus l'attention de l'étranger et du touriste. On se rend à Fontainebleau par le chemin de fer de Lyon, qui y conduit en une heure et demie. L'embarcadère est situé boulevard Mazas, derrière la Bastille.

La première station, après avoir quitté l'embarcadère de Paris, est Villeneuve-Saint-Georges, un gros bourg qu'on aperçoit sur la gauche et qui a un aspect fort pittoresque ; puis vient Montgeron, puis Brunoy, où l'on traverse un viaduc qui est un ouvrage d'art remarquable, et d'où l'on domine la charmante vallée d'Yerres, et une vaste prairie qui remonte par une

Gare du chemin de fer de Lyon.

pente insensible au milieu de touffes d'arbres et de corbeilles de fleurs, jusqu'au charmant petit château à moitié masqué par des massifs de verdure et qu'on nomme la maison de Talma. Ce fut là qu'habita le grand artiste. Après Brunoy, c'est Combe-la-Ville, Lieusaint, Cesson, stations sans importance et sans aspect, et enfin Melun, ce chef-lieu du département de la Marne, qui apparaît à gauche couché sur le flanc d'une colline.

Deux bras de la Seine traversent cette ville, qui possède une charmante promenade, à l'extrémité de laquelle s'élève en amphithéâtre un beau parc couronné d'un château, dont le propriétaire est M. Fréseau de Pény. Melun a aussi depuis quelques années un hôtel de ville dans le style gothique. C'est une gracieuse construction avec des clochetons travaillés. Cette ville, dont la position est charmante, est assez irrégulièrement bâtie.

Après avoir quitté Melun, le convoi s'arrête encore une fois à Bois-le-Roi, et arrive enfin à la station de Fontainebleau.

Là le voyageur trouve à l'arrivée du convoi une dizaine d'omnibus qui conduisent directement au château.

S'il veut descendre à un hôtel, nous lui indiquerons l'*Hôtel de France*, situé en face de la cour d'honneur du château, dite la cour des Adieux ; l'*Hôtel de Lyon*, rue Royale ; l'*Hôtel de l'Aigle-Noir* et l'*Hôtel du Cadran-Bleu*. Nous signalerons aussi l'*Hôtel de la Sirène*, plus particulièrement fréquenté par les paysagistes.

Description extérieure. — Le château de Fontainebleau, œuvre de tant de rois, est si riche en souvenirs historiques, qu'il semble que toute la monarchie française a passé par là. L'étendue des bâtiments dont se

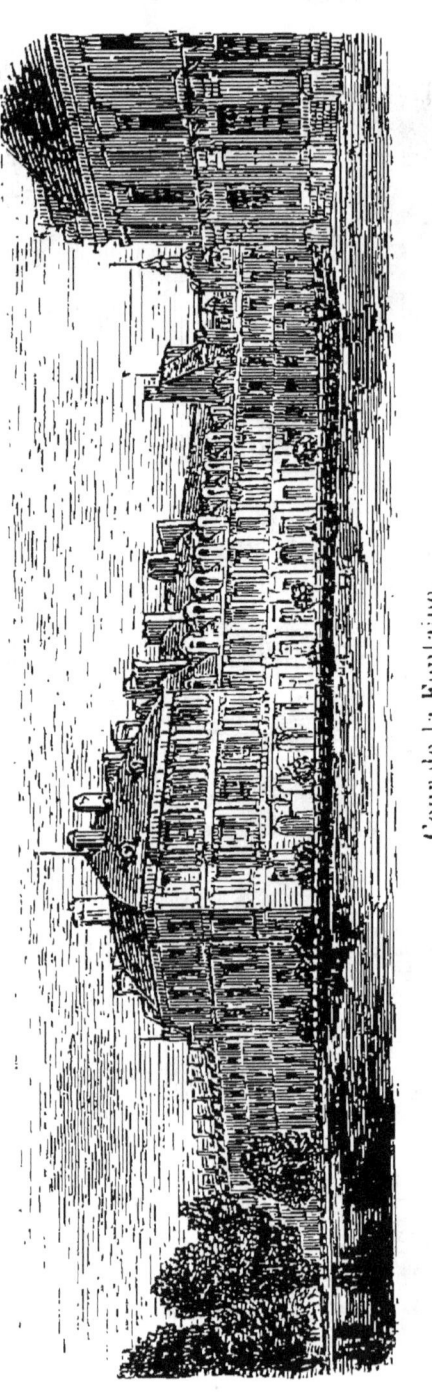

Cour de la Fontaine.

compose cet édifice de toutes pièces est telle que la toiture seule présente une superficie de 60,000 mètres carrés. De prime vue, on reconnaît que ce vaste assemblage d'édifices se partage en deux massifs principaux réunis par une galerie transversale. Cette galerie, dite de François Ier, fut construite par ce prince pour servir de communication entre la cour des Adieux et l'ancien pavillon de Saint-Louis, berceau de cette antique demeure. Elle a sur la cour de la Fontaine une terrasse extérieure bâtie par Henri IV, et refaite par Napoléon. Sur une autre façade, du côté du jardin du Roi, Louis XV la fit doubler pour faire les petits appartements.

Dans ce jardin du Roi, on voit une statue entourée d'un bassin circulaire. Elle représente Diane chasseresse, et elle surmonte une fontaine en marbre blanc, d'où l'eau s'échappe par quatre têtes de cerf en bronze. A droite de la cour de la Fontaine et à l'extrémité de la belle avenue des tilleuls dite avenue de Maintenon, on remarque une façade à vastes croisées cintrées : c'est la galerie de Henri II, la merveille du château. Derrière cette galerie s'étend la cour ovale ou du Donjon, qui comprenait primitivement tout le château. Elle était dans le principe défendue par un pont-levis et des fossés. A la droite de la cour Ovale, et bien plus grande que celle-ci, est la cour des Offices, bâtie par Henri IV et achevée en 1609. Elle n'a de remarquable que son portail hardi donnant sur la place d'Armes. Entre la cour Ovale et celle des Offices, on distingue le dôme élégant qui surmonte la porte Dauphine. Enfin derrière cette même cour Ovale s'étendent les bâtiments d'une cour étroite et allongée, également bâtie par Henri IV, et appelée cour des Princes. C'est là que se trouvait l'ancienne galerie des Cerfs, éclairée par des fenêtres donnant sur le jardin du Roi, et qui fut détruite sous Louis XV. La cour des Princes a un aspect sombre et silencieux ; le visiteur songe que c'est dans cette partie du château qu'a été assassiné, par ordre de Catherine de Suède, Monaldeschi. Une croix et le mot *Dieu* gravé sur une pierre rappelaient autrefois ce lugubre souvenir. Cette croix et ce mot ont été remplacés par l'inscription suivante, dans la troisième des chambres dont on a formé la galerie aux Cerfs : « C'est près de cette fenêtre que Monaldeschi fut tué par ordre de Christine, reine de Suède, le 10 novembre 1657. » Tels sont les divers bâtiments placés à la droite de la galerie

Cour des Adieux.

de François Ier, qui réunit les deux grands massifs du palais. A gauche, sont les bâtiments qui entourent la cour des Adieux. La façade du fond, celle sur laquelle s'appuie l'escalier du fer à cheval, fut bâtie par François Ier. La façade formant un angle droit avec la précédente fut construite sous Louis XV. Elle a remplacé la célèbre galerie d'Ulysse. Là étaient sous l'Empire les appartements de la princesse Borghèse ; le rez-de-chaussée était occupé par Madame Mère. Sous Louis-Philippe, madame la duchesse d'Orléans habitait, du côté de la cour de la Fontaine, le pavillon de Louis XIV, autrefois l'appartement des Reines, d'où l'on aperçoit le grand étang de Henri IV et l'ancien jardin des Pins. C'est là que logèrent Charles-Quint en 1539, Charles IV, roi d'Espagne, en 1808, et le pape Pie VII en 1812.

Histoire. — Les immenses constructions de Fontainebleau ont été l'œuvre des siècles. La première origine du château n'a pas de date bien certaine. Sous le règne de Louis le Jeune, le château de Fontainebleau apparaît brusquement dans l'histoire. C'est déjà un vieux manoir féodal, avec ses tours, ses donjons, ses fossés. Alors Louis le Jeune l'habite avec sa cour. C'est de Fontainebleau qu'est datée la charte par laquelle l'établissement des changeurs est transféré sur le grand-pont de Paris (1141) et celle de la fondation dans le château de la chapelle de Saint-Saturnin en 1169, chapelle consacrée par le fameux Thomas Becket, alors réfugié en France pour échapper aux persécutions d'Henri II, et qui, restaurée à diverses époques, existe encore aujourd'hui dans ses proportions primitives. La dernière restauration date de 1834. Les vitraux ont été faits sur le dessin de la princesse Marie d'Orléans. Ils représentent saint Philippe et sainte Amélie au milieu d'un chœur d'anges. Parmi les parties les plus anciennes du château, il faut compter les constructions faites par saint Louis. On voit encore debout le pavillon qui porte son nom. Il fut refait en grande partie par François Ier. C'est dans une chambre de ce pavillon nommée la chambre de Saint-Louis, que le monarque se croyant à la veille de mourir, dit à son fils aîné ces belles paroles citées par Joinville : « Biau filtz, ie te prie que tu te faces amer au peuple de ton royaume, car vrayment ie ameraie miex que un Escot venist d'Escope et governât le peuple du royaume bien et loïalement que tu le gouvernasses mal à poinct et à reproche »

Pendant une grande partie du xive siècle, l'histoire de Fontainebleau reste obscure. Les rois de France ont cessé d'y séjourner, et malgré la réputation de salubrité de cette résidence, réputation encore augmentée lorsqu'en 1350 la famille royale y fut préservée de la peste noire qui ravageait l'Europe, i's n'y apparaissent plus qu'à de longs intervalles pour prendre le plaisir de la chasse.

En 1364, Charles V y fonda une librairie dont l'existence se lie à celle de la tour du Louvre. Elle en fut d'abord une annexe; mais elle lui survécut. Cette bibliothèque fut considérablement augmentée par la munificence de François Ier. Budé en fut nommé le gardien; il l'enrichit de beaucoup de manuscrits grecs. Elle s'accrut, par suite de la confiscation des biens du duc de Bourbon, de la précieuse collection formée par les princes de cette famille, et bien plus encore par la réunion de la librairie rassemblée à Blois par les princes de la maison d'Orléans, et qui contenait l'ancienne collection des ducs de Milan, rapportée par Louis XII de son expédition du Milanais. La bibliothèque de Fontainebleau était placée au-dessus de la galerie de François Ier. Des distributions ultérieures ne permettent plus de reconnaître cette pièce, qui était une des plus belles du château. La célèbre ordonnance de 1556, par laquelle Henri II enjoignit aux libraires de remettre à sa bibliothèque un exemplaire en vélin et relié de tous les livres imprimés par privilége, fut une nouvelle source de richesse, et ce dépôt, qui allait chaque siècle s'augmentant, fut le fondement du vaste trésor littéraire amassé aujourd'hui dans la Bibliothèque Impériale de la rue Richelieu, à Paris. Augmentée de cent quarante nouveaux manuscrits sous le règne de Charles IX, la bibliothèque de Fontainebleau fut plus d'une fois pillée par les hommes qui se trouvèrent successivement à la tête des affaires à la fin du XVIe siècle. Ce fut pour prévenir de semblables accidents que Henri IV la fit transférer à Paris en 1595.

La royauté avait déserté pendant quelque temps Fontainebleau.

Louis XI s'était réfugié à Plessis-lez-Tours; Charles VIII avait fait embellir le château d'Amboise, où il était né et où il mourut. Louis XII avait donné la préférence au château de Blois; François Ier songea à revenir à Fontainebleau. C'est sous son règne que fut construite la plus grande partie des bâtiments que nous voyons aujourd'hui. Sous la direction de l'architecte Zerlio, qu'il avait fait venir d'Italie, le château subit une complète métamorphose. Les anciennes constructions furent restaurées; la cour du donjon prit une nouvelle forme et devint la cour Ovale; la cour de la Fontaine, la grande cour d'honneur furent entourées de bâtiments élevés sur les terrains du couvent des Mathurins acquis par le roi. C'est de cette époque que date la salle de bal ou des Cent-Suisses, la galerie dite de François Ier, les pavillons de Pomone, de l'Étang et la grotte du Jardin des Pins. Le roi d'Écosse Jacques V, y vit à l'aide d'un miroir, pendant qu'elle se baignait, la princesse Madeleine, fille de François Ier, en devint amoureux et l'épousa. Cette reine mourut littéralement d'ennui en Écosse, six mois après son mariage.

Pendant qu'il agrandissait le château, François Ier appelait près de lui Léonard de Vinci, qui mourut en France, et André del Sarto, qui devait se déshonorer en mangeant en folles dépenses pour sa femme les sommes que le roi lui avait confiées pour achats d'objets d'art. Les peintures exécutées par ces deux artistes pour François Ier sont aujourd'hui un des plus beaux ornements de notre musée. En révélant à la France encore barbare cette radieuse Italie, François Ier éveillait le goût des arts et acquérait un renom immortel. Malheureusement les grands artistes firent défaut au roi, qui dut confier à des artistes de second ordre la direction des travaux. Le Rosso introduisit en France la fresque et le goût florentin. La haute fortune de celui-ci fut troublée par l'arrivée du Primatice. La rivalité et les querelles entre ces deux maîtres impatientaient, irritaient le roi; mais le Rosso s'étant empoisonné, le Primatice resta seul maître des travaux, et par une basse jalousie il fit détruire plusieurs peintures de son rival. Il voulut s'attaquer aussi à Benvenuto Cellini. Soutenu par la faveur de la duchesse d'Étampes, il se fit adjuger les travaux de la fontaine du château, donnés à Benvenuto par le roi; à peine l'artiste florentin eut-il connaissance de ce fait qu'il alla trouver le peintre de Bologne. « Si j'apprends, lui dit-il, que vous parliez jamais de cet ouvrage qui m'appartient, je vous tue comme un chien. » Il était homme à le faire; aussi le Primatice lui fit-il des excuses, et pour plus de sûreté il partait même à quelque temps de là pour l'Italie, avec commission du roi d'acheter des marbres et de mouler les plus belles statues antiques Il fit l'acquisition de cent vingt-cinq morceaux d'antiquités, et rapporta en France les moules du Laocoon, de la Cléopâtre, de l'Hercule enfant et de l'Apollon du Belvédère. Il apporta, en outre, les moules des statues du Nil et du Tibre, de la statue équestre de Marc-Aurèle et d'une partie des bas-reliefs de la colonne Trajane.

Plusieurs de ces statues furent jetées en bronze et ornèrent plus tard les jardins de Fontainebleau. Le célèbre Vignole, que le Primatice avait amené avec lui d'Italie et qu'il retint deux ans en France, l'aida dans ses travaux.

Des ornements commandés par François Ier à Cellini pour la porte de Fontainebleau, il ne reste aujourd'hui qu'un bas-relief en bronze placé d'abord sur une des façades du château d'Anet et décorant aujourd'hui le fond de la salle des Cariatides, au musée du Louvre.

Le Primatice atteignit un âge très-avancé, et sous quatre règnes Fontainebleau se remplit de ses œuvres. La majeure partie a péri par le vandalisme du règne de Louis XV. Ce que l'on doit surtout regretter, c'est la destruction de la galerie d'Ulysse, de 456 pieds de long sur 18 pieds de large, dans laquelle Nicolo dell' Abate peignit, d'après les dessins du Primatice, cinquante-huit tableaux à fresque représentant les travaux d'Ulysse. Les peintures mythologiques exécutées par le Primatice dans la salle de bal ou galerie de Henri II, ont été restaurées en 1833 et 34 par M. Alaux. Ces peintures, le plafond à caisson à fond d'or et d'argent, le parquet en marqueterie répétant les compartiments du plafond, les lambris en bois de chêne rehaussés également d'or et d'argent, la richesse et l'élégance des lustres, tout concourt à rendre l'aspect de cette salle éblouissant et d'un prodigieux effet. Louis-Philippe confia à M. Abel de Pujol la restauration des peintures qui ornaient la chambre de la duchesse d'Étampes, convertie en escalier sous Louis XV. L'état d'abandon dans lequel on laissa les peintures du Primatice et du Rosso était tel, que dès 1642 on ne distinguait déjà presque plus rien de quatre des tableaux de la chambre de madame d'Étampes ; les huit tableaux de cette chambre représentaient des traits de la vie d'Alexandre. Le Primatice rapetissa le héros macédonien ; il n'avait que faire du civilisateur antique, il songea seulement qu'il avait à orner l'appartement d'une femme de plaisir qui cherchait à exciter les passions d'un roi voluptueux. Ainsi, c'est Alexandre au milieu des joies d'un festin à Babylone, au sein d'une mascarade à Persépolis. (M. de Pujol a remplacé, on ne sait pourquoi, ce dernier sujet par cet autre : Alexandre coupant le nœud gordien.) C'est Alexandre faisant peindre sa maîtresse par Apelle ou bien offrant à celle-ci une couronne ; en un mot, ce sont les faiblesses du héros que le Primatice a pris pour sujet de ses libres peintures. Dans une de ses compositions il a cependant représenté le fils de Philippe enfermant les œuvres d'Homère dans la cassette de Darius.

A la duchesse d'Étampes et à François I*er* succédèrent la duchesse de Valentinois et Henri II. Alors c'est Diane de Poitiers qui préside aux fêtes, aux embellissements de Fontainebleau. De toutes parts, sur les murs du château, son chiffre s'entrelace avec celui de son royal amant. Le Primatice représente Diane de Poitiers sans voiles. Diane est partout. Une de ces peintures restaurées se voit aujourd'hui dans le petit salon de Louis XV.

Bientôt les grâces folâtres fuient à tire-d'aile. Pendant quelques années vont régner Catherine de Médicis et les guerres de religion. Avec Henri IV reviennent les jours prospères pour le royaume et pour Fontainebleau. Avec une nouvelle maîtresse le château doit recevoir de nouveaux emblèmes. Cette fois c'est un S traversé d'un trait, rébus faisant allusion au nom de Gabrielle d'Estrées

(d'estrait). Le chiffre galant se trouve mêlé au chiffre de
Marie de Médicis dans la chambre de Louis XIII, ainsi
nommée parce que ce prince y vint au monde. Henri IV
la fit décorer de peintures par Ambroise Dubois et
Paul Bril. Louis XV a gâté en partie la disposition de
cette pièce en faisant accommoder les portes suivant les
proportions nouvelles que les robes à panier imposaient
à l'architecture. François Ier et Henri IV sont les deux
rois qui ont le plus contribué à la création et aux embellissements de Fontainebleau. Outre les grandes constructions de la cour des Offices et de celle des Princes, on
doit encore à Henri IV la galerie de Diane, bâtie pour
satisfaire un caprice de Gabrielle, qui, à l'exemple de
Diane de Poitiers, voulait aussi avoir son temple, son
olympe où elle figurât avec le croissant sur la tête.
Quand l'olympe commandé à Ambroise Dubois fut prêt à
recevoir la divinité, celle-ci était morte. Le croissant
revint par droit de survivance à Marie de Médicis, qui
fut mise dans l'olympe à la place de Gabrielle. Cette
galerie, tombée en ruine, a été réparée par Louis XVIII.
C'est la seule trace que les Bourbons de la branche aînée
ont laissée, depuis la Révolution, de leur passage à Fontainebleau. La chapelle de la Sainte-Trinité, bâtie par
François Ier sur les débris de l'ancienne église élevée par
saint Louis, fut réparée par Henri IV et enrichie de
peintures par Fréminet. Henri IV acquit le vaste terrain
sur lequel le parc a été établi, et dont la contenance est
d'environ quatre-vingt-quatre hectares, et il fit creuser le
canal. C'est à gauche, dans le parc, qu'est la fameuse
Treille du roi, plantée par Louis XV, et qui produit de
trois à quatre mille kilogrammes d'excellent chasselas.
Louis XIII continua les embellissements ordonnés par

son père à la chapelle de la Trinité et fit construire par Lemercier, son architecte, le fameux escalier du fer à cheval qu'on voit dans la cour des Adieux. Cet escalier, remarquable sous le rapport des difficultés vaincues, remplace un premier escalier conduisant à une terrasse du haut de laquelle on assistait aux tournois. Quelques années plus tard, le 6 novembre 1657, une souveraine du Nord, Christine de Suède, cette femme « qui avait l'air, dit M{{lle}} de Montpensier, d'un joli petit garçon, » épouvantait la paisible résidence de Fontainebleau par une tragique histoire dont le souvenir ne s'est pas effacé. Cette reine philosophe, qui avait abdiqué la couronne, terminait une galanterie par un meurtre, et faisait froidement assassiner, par jalousie, son écuyer et son amant Monaldeschi. Quelques mois après elle assistait au ballet du carnaval, où figurait Louis XIV âgé de vingt ans. Sous le règne du grand roi, Fontainebleau fut délaissé pour Versailles et Marly; seulement Louis XIV y faisait de temps à autre de courtes apparitions. Il fit dessiner par Le Nôtre le parterre dans la forme qu'il a aujourd'hui, un parterre raide et magistral comme une tragédie classique.

Nous avons déjà parlé des changements malheureux opérés par Louis XV dans le château. En 1733, pour complaire à madame de Pompadour, il fit construire un théâtre que l'on restaure aujourd'hui, et où fut joué pour la première fois, en 1752, l'opéra comique de Jean-Jacques Rousseau, *le Devin du village*. Louis XVI a laissé peu de traces de son passage à Fontainebleau : il renouvela une partie du mobilier et y fit quelques fins travaux de serrurerie qu'on voit encore aujourd'hui. Il existe dans une des chambres du château un petit guéridon en acajou, à bascule, dont le pied peint en vert imitant le bronze, est usé par le frottement. C'est sur cette simple table que Napoléon signa son abdication à la couronne. La Restauration, en consacrant ce souvenir, trouva moyen d'être ridicule. Une plaque de cuivre, adaptée sous la table d'acajou, contenait cette inscription :

« Le 5 avril 1814, Napoléon Bonaparte signa son abdication sur cette table, dans le cabinet de travail du roi. »

Quinze jours après, l'Empereur déchu partait pour l'exil et il faisait ses adieux à ses grenadiers rangés dans la cour d'honneur, qui avait porté jusqu'à ce moment le nom de cour du Cheval Blanc. C'est en mémoire de cet événement qu'on l'appelle aujourd'hui la cour des Adieux.

Louis-Philippe, qu'il serait injuste d'oublier dans l'histoire de ce palais, a beaucoup fait pour Fontainebleau ; c'est lui qui a accompli presque entièrement la restauration de cet immense château.

Le château de Fontainebleau n'est habité par la cour que pendant un mois au plus chaque année. C'est vers le mois de novembre que l'Empereur vient pour y chasser. Quand la cour n'est pas à Fontainebleau, on peut toujours visiter les appartements.

Nous allons donner brièvement la liste des appartements que l'on visite.

GALERIE DE HENRI II, magnifiquement restaurée par M. Alaux. En entrant on voit les peintures suivantes : 1º Cérès et les moissonneurs ; 2º Vulcain forgeant des traits pour l'Amour, sur l'ordre de Vénus ; 3º le Soleil accompagné des Saisons et des Heures, parcourt le zodiaque. Phaéton lui demande de conduire son char ;

4° Jupiter chez Philémon et Baucis; 5° les Noces de Thétis et de Pélée; 6° Assemblée des dieux; 7° Apol-

Galerie de Henri II.

lon et les Muses; 8° Bacchus entouré d'animaux sauvages.

Première fenêtre à gauche. — 1° Neptune; 2° Bacchus et des enfants; 3° L'Amour; 4° Bacchus et des naïades; 5° Thétis.

Deuxième fenêtre. — 1° Jupiter; 2° deux Nautoniers; 3° Mars; 4° un Vieillard et un jeune homme.

Troisième fenêtre. — 1° Pan; 2° Comus; 3° l'Abondance; 4° Esculape; 5° Cérès.

Quatrième fenêtre. — 1° Hercule; 2° Caron et Cerbère; 3° le Sommeil; 4° Saturne; 5° Déjanire tenant la tunique.

Cinquième fenêtre. — 1° Adonis ; 2° deux Vieillards tenant conseil ; 3° un Amour ; 4° la Vigilance sous l'emblème d'un coq aux pieds d'une femme endormie.

Sixième fenêtre. — 1° Vénus et Cupidon ; 2° Narcisse ; 3° Enlèvement de Ganymède ; 4° Bellone ; 5° Mars endormi.

Septième fenêtre. — 1° une Naïade ; 2° Amphion ; 3° Vulcain tenant un filet ; 4° un Jeune homme et un vieillard couchés sur une lionne ; 5° Neptune.

Huitième fenêtre. — 1° Hébé ; 2° la Résolution sous l'emblème de deux vieillards ; 3° Janus, roi d'Italie.

Neuvième fenêtre. — 1° Cybèle ; 2° Mars et Vénus ; 3° l'Hymen ; 4° Cupidon endormi près d'une nymphe ; 5° Saturne endormi.

Dixième fenêtre. — 1° Flore ; 2° Morphée ; 3° Jupiter ; 4° l'Hiver ; 5° Vulcain près de sa forge.

LA GALERIE DE FRANÇOIS Ier. — Les sujets des peintures ne forment pas une suite et se composent de scènes tirées de la Fable ou d'allégories. C'est M. Coudere qui a restauré les peintures de cette galerie.

GALERIE ET SALON DE DIANE, restaurés par MM. Blondel et Abel de Pujol.

Première travée. (A. de Pujol.) — Au centre, Esculape rend la vie à Hippolyte ; à droite, le Génie de la Mort. *Frise de droite*, Diane et Hippolyte. *Frise de gauche*, la Mort d'Hippolyte.

Deuxième travée. (Blondel.) — Au centre, Latone implore Jupiter, qui change en grenouilles les paysans de Lycie ; à droite, le Génie de la douleur ; à gauche, le Génie de la médecine. *Frise de droite*, Amphitrite. *Frise de gauche*, Latone et le serpent Python.

Troisième travée. (A. de Pujol.) — Au centre,

sanglier de Calydon; à droite, le génie de la Vengeance; à gauche, le génie de l'Impiété. *Frise de droite*, Amphiaraüs et Jason. *Frise de gauche*, Méléagre et Atalante.

Quatrième travée. (Blondel.) — Au centre, Diane invoque Jupiter; à droite, le génie de la Virginité; à gauche, le génie de la Chasse. *Frise de droite*, Invocation à Phébé. *Frise de gauche*, Nymphes au repos. *Deuxième tableau* à droite dans la voûte, le génie des Ténèbres; à gauche, le génie de la Sagesse.

Cinquième travée. (A. de Pujol.) — Au centre, Naissance d'Apollon et de Diane. *Premier tableau*, à droite, le génie de la Lune; à gauche, le génie de la Lumière. *Deuxième tableau*, le génie d'Hécate, le génie d'Apollon. *Frise de droite*, Junon ordonne aux Euménides de poursuivre Latone. *Frise de gauche*, Neptune fixe l'île de Délos.

Sixième travée. (Blondel.)—Au centre, Hercule, sur le Ménale, saisit la biche aux pieds d'airain; à droite, le génie de Neptune; à gauche, le génie de la Force.

Septième travée. (A. de Pujol.) — Au centre, sacrifice d'Iphigénie. *Frise de droite*, Agamemnon et Ménélas déplorent le sort d'Iphigénie. *Frise de gauche*, deux guerriers pleurent Iphigénie; à droite, le génie de l'Offense; à gauche, le génie de l'Expiation.

Huitième travée. (Blondel.) — Au centre, la famille de Niobé; à droite, le génie de la Fraude; à gauche, le génie de la Colère. *Frise de droite*, Apollon et Diane dirigeant leurs traits sur les fils de Niobé. *Frise de gauche*, groupe d'enfants de Niobé près d'un autel de Diane.

Il y a encore dans cette galerie des tableaux acheté

aux expositions, mais le sujet et le nom de l'auteur sont écrits sur le cadre de chacun d'eux.

Chapelle Saint-Saturnin. — Cette chapelle est somptueusement décorée. Les ornements peints et dorés qui recouvrent les murs datent du règne de Henri IV.

Chapelle Saint-Saturnin.

Les vitraux de cette chapelle ont été exécutés, ainsi que nous l'avons déjà dit, sur les dessins de la fille de Louis-Philippe, la princesse Marie.

Chapelle de la Sainte-Trinité, terminée sous François 1er, en 1529. Au centre de la voûte, on remarque cinq grandes compositions exécutés à l'huile et sur plâtre par Freminet :

1° Noé faisant entrer sa famille dans l'arche ; 2° la

Chute des anges ; 3º Dieu entouré des puissances célestes; 4º l'ange Gabriel recevant l'ordre d'annoncer le Messie à la Vierge ; 5º Les Apôtres apprenant la venue du Messie. Sous l'arcade, derrière l'autel, l'Annonciation, quatre ovales qui représentent les Quatre éléments; entre les trumeaux des fenêtres, les rois de Jérusalem. Puis des grisailles et des médaillons représentant les Patriarches, les Prophètes et la Patience, la Diligence, la Clémence et la Paix.

C'est dans cette chapelle que furent mariés : Marie-Louise d'Orléans, reine d'Espagne; Louis XV, et le duc d'Orléans.

Escalier du Roi, dont les peintures ont été restaurées par M. Abel de Pujol.

Louis-Philippe a fait placer dans la voussure du plafond les portraits de plusieurs rois de France : de Louis VII, de Louis XI, de Henri IV, de François Ier, de Napoléon. On voit aussi les médaillons de Louis-Philippe et de la reine Marie-Amélie.

Les tableaux de la Renaissance représentent des traits de la vie d'Alexandre.

1er *médaillon*. Alexandre dompte Bucéphale. *Tableau*. Il offre la couronne à Campaspe, 2e *médaillon*. Timoclée est conduite devant Alexandre, qui lui pardonne de s'être vengée de l'outrage commis sur sa personne par un capitaine macédonien. *Tableau du fond :* Alexandre fait renfermer dans la cassette de Darius les œuvres d'Homère. *Autre tableau :* Alexandre et Thilemtis, reine des Amazones. *Tableau du milieu :* Alexandre au festin. *Médaillon :* Alexandre coupant le nœud gordien.

Appartements de madame de Maintenon, composés de cinq petites pièces pittoresquement décorées.

Salle des Gardes, où l'on voit les portraits de François Ier, d'Henri II, d'Antoine de Bourbon, d'Henri IV, de Louis XIII.

Salle de spec'.. le. On la restaure au moment où nous écrivons.

Salon des Huissiers. Des tableaux représentent des épisodes tirés du roman de *Théagène et Chariclée*.

Salle Saint-Louis. Quinze tableaux, dont cinq modernes, représentant quelques traits des amours de Henri IV; les autres, de Nicolas Loir, représentent des Amours et des attributs.

Chambre Ovale. On y voit Louis XIII enfant, à cheval sur un dauphin; Hercule et Déjanire, Diane et Apollon, etc.

Salon de François Ier. Remarquer la cheminée, qui est superbe. Au-dessus se trouve un médaillon peint à fresque représentant Mars et Vénus. Louis-Philippe a fait placer sur les murailles une série de tapisseries des Gobelins, dont voici les sujets:

François Ier refuse aux députés de Gand son appui à la révolte contre Charles-Quint; François Ier à La Rochelle; saint Louis et les envoyés du Vieux de la Montagne; saint Louis arbitre entre le roi d'Angleterre et ses barons; Henri IV et Crillon, un Croisé, la France, Henri IV à l'Assemblée des Notables à Rouen; saint Louis reçoit l'hommage du duc de Bretagne; saint Louis prisonnier; les attributs de la Musique.

Salle des Gardes de la Reine. Très-belle décoration, de curieuses tapisseries flamandes et une tapisserie des Gobelins d'après Gros, « François Ier et Charles-Quint à Saint-Denis. »

Cabinet de Clorinde. Autrefois on y voyait six grandes compositions tirées de la *Jérusalem délivrée.* Aujourd'hui c'est un salon dans le style de Louis XV.

Salon de Musique. Décorations de la fin du XVIIIe siècle. Au plafond, Minerve et les muses de Barthélemy.

La Chambre de la Reine. Ameublement et décoration du temps de Louis XVI.

Cabinet de la Reine. Un boudoir de la même époque. Les espagnolettes des fenêtres ont été, dit on, exécutées par le roi Louis XVI.

La salle du Trône date de Charles IX, mais sa décoration actuelle ne remonte pas au delà de Louis XIV.

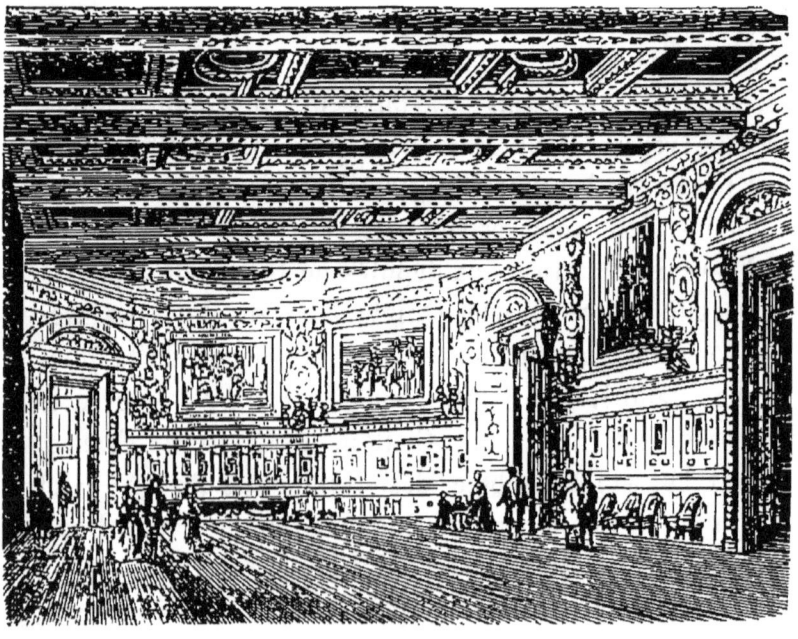

La salle du Trône.

Le plafond en est merveilleux. On y voit les armes de France et de Navarre, la couronne, les fleurs de lis.

Au-dessus de la cheminée, un portrait de Louis XIII en pied par Philippe de Champaigne.

La salle du Conseil. Au plafond, peintures sur toile richement encadrées. La principale de ces compositions représente Apollon sur son char, précédé du Point du Jour.

Seize panneaux en camaïeu rouge et bleu représentent des allégories mythologiques. C'était le salon intime de la famille royale sous Louis-Philippe.

Petits appartements de Napoléon. Tout l'ameublement de ces appartements, sauf celui de la chambre à coucher dite *Chambre à coucher du Roi*, date de l'Empire. Rien de bien remarquable. C'est dans une de ces chambres que l'on voit le guéridon dont nous avons parlé plus haut, et sur lequel Napoléon signa l'acte de son abdication.

Appartements des Reines Mères. On y voit la *Galerie des Assiettes*, à cause des assiettes de Sèvres incrustées dans des panneaux, qui en sont la principale décoration. L'idée est de Louis-Philippe. Vient ensuite la *salle de Billard*, puis le *salon*, qui possède un très-beau plafond à compartiments de l'époque de Louis XIII. On y voit une magnifique tapisserie flamande d'après Jules Romain, et qui représente le triomphe des Dieux.

Chambre à coucher des Reines Mères. Décoration magnifique du temps de Louis XIII. Plafond à caissons. Au-dessus des deux portes d'entrée, le portrait d'Anne d'Autriche et celui de Marie-Thérèse d'Autriche.

C'est dans cette pièce que le pape Pie VII disait la messe pendant le temps de sa captivité.

Cette salle a été aussi habitée par Charles-Quint.

Petits appartements. Ces petits appartements, qui

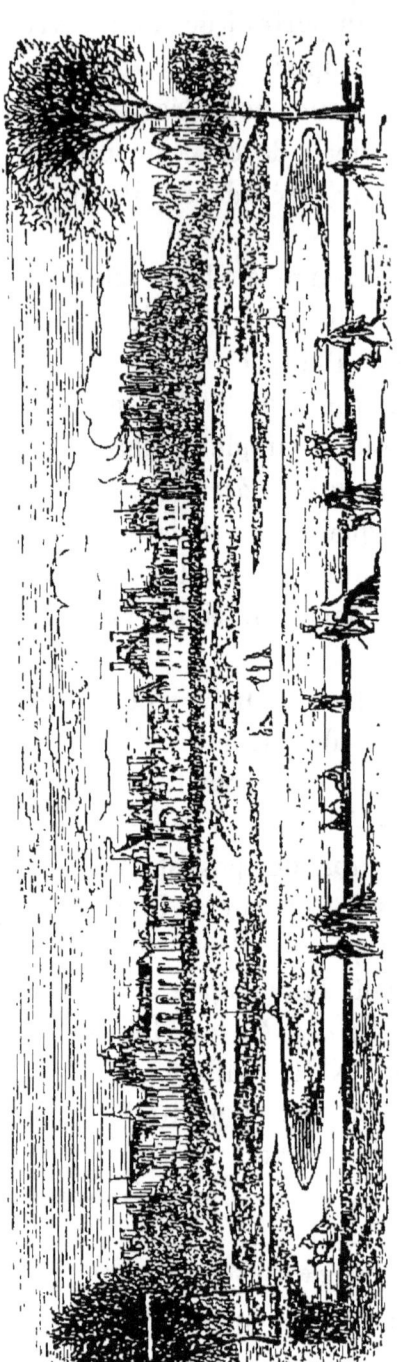

Vue du château prise du parterre

n'ont rien de bien remarquable si on les compare aux magnificences que l'on vient de voir, servaient à l'habitation des princesses filles de Louis-Philippe, et de la princesse Adélaïde, sœur du roi.

Pavillon du Grand-Maître. Les appartements du pavillon n'offrent de remarquable que les tableaux des chasses de Louis XV, par Oudry.

LES JARDINS ET LE PARC. Le parterre, planté par François Ier, se compose de quatre grands carrés entourés d'une terrasse. Le parc dessiné par Le Nôtre, est séparé du parterre par une pièce qu'on appelle les Cascades. Son aspect est assez mélancolique. C'est là que se trouve, sur la gauche, la fameuse Treille du roi dont nous avons parlé plus haut.

Jardin anglais. C'est l'Empire qui a planté ce jardin, un des plus charmants et des plus beaux en ce genre. L'étang est à côté, cet étang où l'on voit des carpes énormes et d'une voracité proverbiale. Ces carpes compteraient, s'il fallait en croire le vulgaire, des centaines d'années, et quelques-unes seraient contemporaines de François 1er.

XIV. — FORÊT DE FONTAINEBLEAU.

Le château n'est pas ce qui attire le plus de visiteurs à Fontainebleau; c'est la forêt, qui est sans contredit ce que les environs de Paris offrent de plus remarquable. Il faudrait au moins un mois pour la voir dans tous ses détails et pour en connaître toutes les beautés; mais en deux jours les guides-voituriers peuvent montrer les endroits les plus renommés. Que le voyageur s'adresse à *Naigeon*, pour se procurer une voiture, et il sera bien mené et intelligemment conduit.

La forêt de Fontainebleau est la première étape du peintre paysagiste, lorsque tourmenté du besoin de se soustraire à l'éternelle répétition du platane académique, il charge son bagage sur ses épaules et se met en route pour son voyage à la recherche du pittoresque. La superficie de cette forêt est de 17,000 hectares, et son pourtour est d'environ 100 kilomètres. Elle est bornée à l'est et au nord par la Seine; au midi par la rivière de Loing et le canal de ce nom correspondant à celui de Briare. Elle ne commença à être bien connue que sous Henri IV; ce fut sous son règne que fut percée la route ronde ainsi nommée parce qu'elle embrasse le pourtour de la forêt à peu près par le milieu. Ouverte autrefois pour y placer des relais de chasse, elle sert aujourd'hui à l'agrément des promeneurs. Les routes, chemins, sentiers, qui traversent la forêt dans tous les sens, comprennent un développement d'environ 500 lieues; les rochers occupent un espace qu'on évalue à 4,000 hectares. Ils forment de longues chaînes ou collines qui s'élèvent souvent, ainsi que les plateaux de cette contrée, jusqu'à 140 mètres au-dessus du niveau de la Seine, et marchent parallèlement entre elles et presque en ligne droite de l'est à l'ouest. Si l'on traverse la forêt du sud au nord, on a huit ou dix de ces chaînes à franchir. Quelquefois elles se rapprochent l'une de l'autre et forment alors des gorges étroites et allongées. Le sable et le grès de ces collines constituent une assise très-puissante, atteignant, quand sa puissance est entière, jusqu'à 35 mètres. On remarque à la partie supérieure des bancs de six ou sept mètres d'épaisseur, traversés très-irrégulièrement de nombreuses fissures d'un grès généralement dur et d'un grain si fin, qu'il prend souvent l'aspect lustré. C'est ce banc, connu sous le nom de banc royal, qui est exploité de préférence pour le pavage : il est dépourvu de fossiles. Au-dessous de lui, on trouve une masse considérable de sable, quelquefois d'un blanc éclatant, plus ordinairement coupé de lits nombreux d'un sable jauni ou rougi par l'hydrate de fer, et renfermant de nombreuses masses irrégulières d'un grès plus tendre et à grains plus gros que celui du banc. On rencontre fréquemment des rochers mamelonnés à leur suface, et offrant les traces d'une cristallisation plus ou moins régulière, imitant les mailles d'un filet, tantôt serrées, tantôt déformées par leur allongement. Le phénomène qui a le plus attiré l'attention des curieux, est celui des cristaux de grès ayant les formes polyédriques du carbonate de chaux. Tous les musées de l'Europe et les cabinets des amateurs possèdent des échantillons de ce grès nommé pseudomorphique. Les huit ou dix chaînes qui traversent la forêt semblent être les lambeaux d'une ancienne assise de sable et de grès qui s'étendait sur toute la contrée et qui aurait été en partie détruite par des cataclysmes postérieurs à sa formation. La nature du sol de cette forêt explique la complète absence de sources qu'on y remarque et à laquelle on attribue la rareté des oiseaux : ils n'ont d'autre eau à boire que l'eau de pluie conservée dans les excavations naturelles et heureusement multipliées des roches de grès.

Plus des deux tiers de la forêt de Fontainebleau comprennent des arbres indigènes dont les principales espèces sont le chêne, le charme, le hêtre et le bouleau ; le chêne y est l'arbre le plus commun. Il y atteint, en certains endroits, une hauteur considérable ; on en rencontre qui ont jusqu'à sept mètres de circonférence. Quelques-uns de ces arbres ont acquis de la célébrité, et grâce aux noms qu'on leur a donnés, sont devenus un but de promenade. On ne les aborde qu'avec ce sentiment de vénération que l'homme, rapide passager sur la terre, est toujours disposé à accorder aux choses qui ont supporté le poids et résisté à l'action des siècles. Tels sont les chênes des Druides, de Pharamond, de Clovis, de Charlemagne, de la reine Blanche, du Bouquet du roi. Du reste, comme cela arrive souvent, la renommée n'appartient pas toujours aux plus dignes, et une foule d'arbres magnifiques et qui mériteraient la célébrité restent inconnus faute de noms. Les vieilles futaies ont de trois cents à cinq cents ans. La plus vieille est celle du Bas-Bréau, à l'entrée de la forêt du côté de Chailly. Barillon d'Amoncourt, grand maître des eaux et forêts, indique déjà cette futaie comme très-vieille dans son procès-verbal de visite de l'année 1664. Il y a dans certains cantons des érables d'une assez belle venue, et de magnifiques tilleuls; quant au châtaignier, il est peu multiplié, mais l'essence d'arbres la plus rare autrefois, celle qu'on cherche à répandre le plus depuis quelques années, c'est le pin. La culture en a été pratiquée en 1784; elle avait été tentée bien auparavant, car en 1710 on vendit des pins âgés de cent vingt ans, morts en cime et en racine par suite de la grande gelée de 1709. Il paraît qu'on renonça dès lors à les multiplier jusqu'en 1784. C'est à M. de Cheyssac que l'on doit l'introduction du pin maritime dans la forêt de Fontainebleau, et à M. Lemanier, premier médecin de la reine Marie-Antoinette, celle plus précieuse encore du pin sylvestre. Ce dernier fit venir du Nord des plants et des graines et en peupla le rocher d'Avon. La réussite fut complète, ainsi qu'on en peut juger par les arbres qu'on voit aujourd'hui. Depuis lors, les pins ont été propagés et ont successivement envahi les terrains les plus arides et marqué de leur sombre végétation les collines de rochers restées nues jusque-là, contribuant ainsi à faire disparaître de jour en jour l'aspect de solitude sauvage de certaines parties de la forêt. Cette culture, discontinuée en 1789, ne fut reprise qu'en 1802. On la suspendit encore en 1807, et ce ne fut qu'en 1811 que l'évidence des faits décida à entreprendre de nouveaux semis. On estime qu'il faudra encore quelques années pour couvrir les terrains vagues qui exigent des pins. Le boisement résineux de la forêt s'étend aujourd'hui à plus de 4,000 hectares. On comprend facilement la variété d'aspects que ces différentes végétations doivent produire : ici les vieilles futaies de chêne et de hêtre aux dômes touffus, là des cimes élancées de pins imitant, sous le souffle du vent, le bruit des flots qui se brisen au loin sur la plage ; puis des espaces vides où dominen seulement le houx et le genévrier, ou de vastes langues couvertes de bruyères et sans aucun arbrisseau. Joignez à cela le chaos pittoresque des rochers de grès, et vous aurez une idée de ce que la forêt de Fontainebleau peut offrir d'intéressant.

Les rois de France et l'empereur Napoléon I er aimaient à y venir prendre le plaisir de la chasse. Les chasses avaient lieu ordinairement vers la mi-octobre ; la ville, déserte le reste de l'année, s'animait alors, et des marchands de Paris y arrivaient en foule. Le gibier abondait dans la forêt : on y a compté, dit-on, jusqu'à trois mille animaux, tant cerfs que daims et biches. Les sangliers étaient aussi très-nombreux, mais ils ont beaucoup diminué sous l'Empire, parce que la chasse au sanglier était la chasse favorite de Napoléon. Aucune réclamation d'indemnité ne fut élevée à cette époque, mais les propriétaires riverains se plaignirent sous la Restauration, et il leur fut alloué une indemnité dont le chiffre annuel montait en 1830 à 60,000 fr.

Le promeneur peut traverser avec la plus grande sécurité la forêt dans tous les sens : le terrible Chasseur noir, le grand Veneur fantastique qui la parcourait autrefois avec sa meute mystérieuse a disparu pour toujours. Les hôtes les plus redoutables de nos jours sont les vipères pour les gens qui ne font pas attention où ils mettent le pied, ou la fausse oronge, pour les gourmands qui préfè-

Fontainebleau, vue prise du Calvaire.

rent cueillir des champignons plutôt que de les acheter au marché. La princesse de Conti, en 1751, et le cardinal Caprara, sous l'Empire, pour avoir cédé à cette fantaisie, en sont deux tristes exemples.

A peine est-on sorti de Fontainebleau, qu'on entre dans la forêt. Au sud, c'est le *Rocher d'Avon*; au nord, c'est d'une part le *Calvaire*, du haut duquel on a vue sur la ville; de l'autre, le *Mont Ussy*, colline admirablement accidentée, et dans laquelle s'enfoncent quelques petites vallées ombreuses, où les artistes et les curieux viennent visiter soit le *Chêne des Fées*, soit le *Charlemagne*, antique habitant de la forêt, ayant à sa base vingt et un pieds de tour. L'extrémité du Mont Ussy se réunit par un petit plaleau aux hauteurs qui dominent la *Vallée de la Solle*, si chère aux touristes. Une route contournant les hau-

Chêne de Charlemagne.

teurs permet de jouir sous tous les aspects du ravissant tableau de cette vallée. Après s'être un instant reposé au *Rocher des deux Sœurs*, on dit adieu à la Vallée de la Solle, et, traversant la route de Paris, l'on entre dans la belle futaie dite de *la Tillaie*. Là, à l'angle d'une route, s'offre à la vue un chêne remarquable par son tronc élancé et parfaitement droit, et qu'on appelle le *Bouquet du Roi*. Non loin de lui, on admirait naguère un hêtre magnifique surnommé le *Bouquet de la Reine* ; mais il a été brisé il y a quelques années par les fureurs de l'ouragan. Le vieux chêne le *Pharamond*, qui est dans le voisinage, a résisté, et élève vers le ciel sa membrure gigantesque. Aucun arbre de la forêt n'offre peut-être, à l'égal du Pharamond, le caractère de la vigueur jointe à la vétusté des vieux âges.

De la *Tillaie du roi*, on peut se rendre soit aux *Gorges d'Apremont*, chaos de rochers formant à perte de vue

Gorges d'Apremont.

des collines nues, parmi lesquelles les touristes vont visiter une caverne et quelques vieux chênes isolés, tels que *Bélus*, le *Sully* et le *Henri IV* ; soit aux *Gorges de*

Franchard, où se trouvait au XIIe siècle un ermitage devenu depuis un monastère qu'on détruisit en 1712 de

Chêne de Henri IV.

peur qu'il ne devînt un lieu de débauches ou un asile de voleurs. C'est aujourd'hui la demeure d'un garde. Une lettre de l'abbé de Sainte-Geneviève, adressée au frère Guillaume, qui habitait cet ermitage sous le règne de Philippe-Auguste, fait de ce lieu une description peu séduisante. « Je ne vous dissimulerai pas, dit-il, que je suis frappé de terreur à la pensée d'une solitude si horrible, que les hommes et les bêtes féroces elles-mêmes semblent craindre de l'habiter. L'herbe ne croît pas sur cette terre aride, et l'eau qui coule goutte à goutte de la roche qui est près de votre cellule n'est ni belle à voir, ni bonne à boire. Dans votre cellule elle-même, la grossièreté des vêtements et de la nourriture, la dureté du lit, la crainte des voleurs, qui vous oblige à ne sortir que pour les motifs les plus impérieux, de peur d'avoir le sort de vos deux devanciers qu'ils ont assassinés, tout était fait pour détourner du genre de vie dans lequel vous cherchez la perfection. »

Cet endroit si sauvage, que les bêtes féroces elles-mêmes semblaient le fuir, est aujourd'hui journellement fréquenté pendant la belle saison par des troupes de visiteurs et de visiteuses qui ne viennent pas y chercher la voie du salut, mais seulement des impressions roman-

Roche qui pleure.

tiques. Tout autour de la *Roche qui pleure*, le sol est foulé, piétiné comme sur une grande route. Le rocher est couvert de noms et d'inscriptions. Un peu plus loin, c'est l'*Antre des Druides*, qu'on trouve sur la paroi de rochers à gauche de la Gorge de Franchard. Traversez ensuite les bruyères en fleurs sur lesquelles bourdonnent des milliers d'abeilles, suivez la vallée jusqu'à sa terminaison dans la plaine, pour y admirer l'entassement des blocs énormes de grès formant deux promontoires qui rappellent les hautes moraines des glaciers, et, appuyant à votre gauche, tournez ou traversez les diverses collines de rochers et de sable blanc qui s'étendent entre la Gorge de Franchard et la *Gorge aux Archers*, pour jouir plus longtemps du spectacle de solitude et de stérilité de toutes ces petites vallées à leur ouverture.

Les promeneurs qui ne veulent pas quitter la voiture, suivent ordinairement, à partir de la *Vallée de la Solle*, une autre route. Traversant la futaie du *Beau Tilleul*, ils s'arrêtent au carrefour de Bellevue pour contempler un des plus beaux panoramas de la forêt, et se dirigent de là vers la *Mare aux OEvées*, marais inabordable avant 1830, mais devenu, par suite des travaux exécutés à cette époque pour rassembler les eaux dans un bassin creusé à cet effet, un rendez-vous de promenade pour les habitants de Melun et de Fontainebleau. Plus près de cette dernière ville, le *Mont Aigu*, et dans une autre direction au sud, la *Gorge aux Loups*, sont également deux points très-pittoresques assidûment visités et méritant de l'être. Tels sont, en y comprenant le *Bas-Bréau*, dont on a déjà parlé plus haut, les divers sites les plus intéressants à signaler à la curiosité. Mais il en est une foule d'autres aussi riches en beaux aspects, quoique moins célèbres; ils se révèleront de toutes parts à celui qui pourra consacrer quelques semaines à parcourir cette admirable forêt.

Barbison. — Quand vient la belle saison, toute la cohorte des peintres-paysagistes, armés de leurs pinceaux et de leurs parasols, vont s'égarer dans la forêt de Fontainebleau. Barbison, situé à quelques pas des *Gorges d'Apremont* et de la belle futaie du *Bas-Bréau,* est un petit village qui n'a rien de remarquable. Une rue composée d'une quarantaine de maisons, une mare où folâtrent fraternellement les canards des différents propriétaires et une douzaine de polissons, espérance de l'endroit, tel est le spectacle simple et pastoral qui s'offre aux regards.

Mais le petit village inconnu sur les cartes géographiques et dédaigné des touristes est le quartier général des peintres. C'est là que les paysagistes viennent s'installer. Sans les artistes parisiens, l'unique auberge de Barbison serait une superfluité. L'aubergiste de Barbison, nommé le père Gane, a tiré un excellent parti du passage des peintres dans son hôtellerie. Vous pouvez en juger. Un jour, dans un moment de désœuvrement et de belle humeur, le grand peintre Decamps s'amusa, en fumant son cigare, à brosser une fresque sur la muraille de l'hôtellerie; Jadin peignit un chien en dessus de-porte; Rousseau jeta sur une boiserie un de ces vigoureux paysages, comme lui seul, après Dieu, sait les faire; puis Diaz, à son tour, fit reluire sur un des panneaux vierges toute la magie de sa merveilleuse palette. L'élan était donné : le musée de Barbison allait prendre de vastes proportions. Le père Gane fit couvrir ses trois chambres de panneaux, bien certain qu'avant quelques années il posséderait une collection des plus curieuses. A l'heure qu'il est, les panneaux de l'aubergiste de Barbison sont signés des noms les plus célèbres de la peinture moderne. Leleux, Français, Aligny, Muller, Edmond Hédoin, Troyon de Flers, Corot, toutes les illustrations de l'École contemporaine ont passé par Barbison transformé en musée, et qui possède même, si je ne me trompe, un colossal cuirassier de Charlet. Heureux aubergiste! sa collection lui attire chaque jour de nouveaux visiteurs, et bien des principicules voudraient, comme lui, pouvoir se promener au milieu d'une galerie qui s'enrichit tous les ans de nouveaux chefs-d'œuvre.

Avon. — Tout au bout du parc de Fontainebleau, est un petit village que l'on visite à cause de son église, mais c'est une église historique. L'église elle-même n'offre rien de très-remarquable. Là sont venus s'agenouiller les hauts et puissants seigneurs, les dames hautes et puissantes à l'époque où l'église d'Avon était la paroisse du château. C'est dans cette église que fut enterré l'amant infortuné de Christine de Suède. Sur une pierre vous lisez cette inscription à moitié effacée : *Ci-gît Monadelschi.*

Le grand naturaliste Daubenton et le mathématicien Bezout ont été inhumés sous le porche de cette église. Les restes d'un peintre autrefois célèbre, Abraham Dubois, reposent dans l'intérieur.

La Madeleine. — A quelques pas de la station de Fontainebleau, à la gauche du rail-way, se dresse sur un coteau ombragé de grands arbres une charmante habitation, dont le corps principal est un joli pavillon construit dans le style Louis XV. C'est *l'ermitage de la Madeleine.* En 1617, un gentilhomme breton, une sorte d'illuminé, appelé Gerdemel, qui n'avait pu réussir à fonder un ordre de chevalerie pour poursuivre les duellistes, obtint de Louis XIII la donation de ce lieu

La Madeleine.

nommé alors la *Fontaine-du-Roi*. Ce gentilhomme s'y fit ermite. Il vivait là, marchant pieds nus et portant sur sa robe grise une grande croix de satin rouge avec les chiffres de la belle pénitente dont il se disait le chevalier. Plus tard, il donna la Magdeleine au couvent des Bons Hommes de Passy. Louis XIV avait trouvé la position de cet ermitage si ravissante, qu'il avait résolu de faire élever à la place un château dans le genre de celui de Marly. Mais il ne donna pas suite à ce projet, et les plans seuls de l'édifice projeté furent tracés. Vers la fin du xviie siècle, la Magdeleine était devenue une retraite de voleurs ; ils furent expulsés, les bâtiments furent détruits, et le terrain fut donné par le roi aux carmes des Basses-Loges.

A la place de l'ancien ermitage s'élève l'élégant pavillon en style Louis XV que l'on voit aujourd'hui.

Ce pavillon eut plusieurs propriétaires, puis il rentra dans les domaines de la couronne. En 1849, le gouvernement de la république le mit en vente, et il fut acheté par un homme de goût, qui en a fait une des plus jolies et des plus agréables habitations des environs de Paris, M. Alfred Tattet. On appelait cet endroit la *Fontaine-du-Roi*, parce qu'il existe une source dont les eaux abondantes et d'une pureté extraordinaire avaient une grande réputation. La cour ne buvait que de l'eau de cette source. Géricault a habité la Magdeleine l'année qui a précédé sa mort. Louis-Philippe avait accordé à madame Hamelin la jouissance de la Magdeleine sa vie durant ; elle l'habita de 1830 à 1848.

Thomery. — A une lieue et demie de Fontainebleau est le village de Thomery, qui, avec celui de Champagne, nom d'heureux augure, fournit les meilleurs raisins de dessert qui existent au monde. Toutefois, la production de Thomery est plus importante que celle de la commune rivale, et la qualité en est aussi supérieure. Grâce aux treilles qui couvrent les maisons et les murs, les rues de Thomery sont de véritables vergers. Les vignerons de Thomery attribuent la supériorité de leurs produits à trois causes principales : 1° la qualité du sol ; 2° la nature du plant ; 3° les procédés de culture.

Ce petit village de Thomery, qui a un aspect italien,

est curieux à visiter. Il expédie annuellement à Paris, avec sa voisine la commune de Champagne, 700,000 kilogrammes de raisin.

XV. — SCEAUX

(Chemin de fer, barrière d'Enfer : trajet une demi-heure.)

En allant visiter Sceaux, on trouve d'abord tout près de Paris *Bicêtre*. Un évêque anglais du nom de Wincester,

Embarcadère du chemin de fer à Sceaux.

amateur de beaux horizons, eut l'idée de faire construire une résidence sur le sommet d'une colline contiguë à la route actuelle de Fontainebleau. *Wincestre, Bicestre, Bicêtre,* l'étymologie est facile à trouver. Commencé sous Philippe le Bel, ce château tombait en ruines lorsque le duc de Berry l'acheta en 1314. Devenu un repaire de voleurs, on le rasa en 1519. Louis XIII le fit reconstruire à l'usage des militaires invalides. Louis XIV leur fournissant un asile plus grandiose, donna Bicêtre aux hôpitaux de Paris. Bicêtre fut longtemps prison et hospice en même temps. On y enfermait les filles de mauvaise vie. C'est là que les forçats attendaient le départ de la chaîne, et les condamnés à mort l'heure du bourreau.

Bicêtre n'est plus aujourd'hui qu'un hospice pour la vieillesse et pour les aliénés. On y montre, entre autres curiosités, le puits qui n'a pas moins de 172 pieds de profondeur, et la cellule où fut enfermé le marquis de Sade. Bicêtre est situé sur le territoire du village de Gentilly.

Après Bicêtre, sur la route d'Orléans, à deux lieues de Paris, un gros bourg nommé Bourg-la-Reine. Ce bourg, qui n'offre rien de remarquable, a été témoin d'un grand nombre d'événements historiques. Sans parler des combats que Bourg-la-Reine eut à soutenir au moyen âge, nous rappellerons que c'est dans cette bourgade qu'eut lieu l'entrevue de Louis XV, âgé de 12 ans, et de Marie-Anne-Victoire, infante d'Espagne, âgée de 4 ans, qui devait être l'épouse du roi de France. Après trois ans passés en France, cette petite princesse fut renvoyée en Espagne. L'ambassadeur espagnol dit à ce sujet : « Les Français n'auront pas assez de sang pour laver un tel affront. » On lui répondit en courtisan : « Les Français n'auront pas assez de larmes pour pleurer une telle princesse. » Louis XV épousa, comme on sait, la fille unique de Stanislas Leczinski, élu roi de Pologne.

Un fait qu'on ne peut passer sous silence en parlant de Bourg-la-Reine, c'est la fin malheureuse de Condorcet. Proscrit par la Convention, il s'était adressé à M. Suard pour lui demander un refuge. M. Suard quitta aussitôt Paris et vint trouver Condorcet, qui se trouvait dans un cabaret de Clamart. Là, un agent municipal, qui avait remarqué l'air égaré et les vêtements en désordre du philosophe, lui demanda ses papiers. Comme il n'en avait pas, il fut arrêté et conduit à Bourg-la-Reine pour être transféré à Paris. Mais pendant la nuit, Concordet prit une dose de poison actif et mourut au bout de quelques heures.

La célébrité de Sceaux a commencé en 1214 avec les reliques de saint Mammès, martyrisé en Cappadoce, et qui furent apportées de la Palestine par le chevalier Adam de Cellis. On les conservait dans l'église.

Colbert acquit en 1610 la terre de Sceaux, qui appartenait à la famille de Chresmes, et y fit construire un château dont la décoration intérieure fut confiée au peintre Lebrun. Le célèbre Le Nôtre en dessina les jardins, et les sculpteurs Puget et Girardon travaillèrent à les décorer et à les embellir. Le fils de Colbert, le marquis de Seignelay, succéda à son père dans la terre de Sceaux, et ajouta de nouveaux embellissements à ce séjour. Il y reçut la visite de Louis XIV en 1683.

Le duc du Maine, devenu acquéreur du château de Sceaux en 1700, le fit encore augmenter. Un théâtre y fut construit, et Sceaux devint le rendez-vous des savants et des hommes de lettres les plus distingués. C'est là que Voltaire, Fontenelle, Lamotte, Saint-Aulaire, Chaulieu, Genest, Malézieu venaient apporter le tribut de leur esprit et contribuer par l'agrément de leur conversation à l'amusement d'une société nombreuse et choisie.

Après la mort du duc du Maine, cette propriété appartint au comte d'Eu, son fils. En 1775 elle passa au duc de Penthièvre, qui avait attaché à sa personne le sentimental capitaine de dragons chevalier de Florian, qui mourut à Sceaux en 1794.

La Révolution entraîna la ruine du château et du parc de Sceaux, embellis pendant un siècle par les hommes les plus illustres. En 1798, ce domaine fut vendu, et les acquéreurs, pour pouvoir payer le prix de leur achat, firent abattre le château et détruire le parc. Il ne reste plus aujourd'hui, de toutes ces splendeurs, qu'un petit morceau du jardin de la ménagerie, dont on a fait un lieu de promenade. Là se tient tous les dimanches, pendant la belle saison, un bal champêtre qui, il y a vingt ans, était le plus fréquenté et le plus célèbre des environs de Paris.

Près du chemin de Sceaux, nous trouvons :

Bagneux, remarquable par son église dont l'architecture est du temps de Philippe le Bel. Henri IV, dont l'armée était campée autour de Bagneux et des villages environnants, data de ce camp une lettre à la belle Gabrielle, qui figure dans la collection des autographes de ce prince que possède la Bibliothèque de la rue Richelieu.

Un nommé Benicourt, créature du cardinal de Richelieu, possédait à Bagneux une villa dont les jardins étaient peuplés de statues de dieux et de déesses. Benicourt, dit-on, s'était fait représenter en Vulcain, et avait donné à Son Eminence les traits du dieu Mars. La Révolution brisa ces statues.

Bagneux produisait autrefois d'excellents vins, à ce qu'on assure. Leur réputation n'existe plus aujourd'hui qu'à l'état de tradition historique.

A côté de Sceaux est *Châtenay*, joli petit village dans l'église duquel a été enterré le favori de la princesse du Maine, Malezieu. C'est à Châtenay que naquit Voltaire, en 1694, dans la maison que possède la famille de Boignes. La beauté du site de Châtenay, la variété de ses points de vue, y ont fait construire un grand nombre de maisons de plaisance. C'est à quelques pas que se trouvent le *Pavillon de Malabry*, et ses superbes jardins enclavés dans le *Buisson de Verrières*.

Aulnay est un joli hameau qui dépend de Chetenay et qui se compose de délicieuses maisons de campagne. Au bas est la *Vallée aux loups*, vallon étroit, complète-

Vallée aux Loups.

ment entouré de bois, et célèbre par un édifice singulier que Chateaubriand fit revêtir des formes gothiques, avec créneaux, meurtrières, fenêtres cintrées en ogive, et poternes; le parc, très-beau, a été dessiné par l'auteur d'*Atala*, qui a essayé, dit-on, d'y reproduire quelques perspectives de la Palestine. C'est à la Vallée aux loups qu'a été composé le bel ouvrage des *Martyrs*. Cette propriété passa dans les mains du vicomte Mathieu de Montmorency; elle appartient aujourd'hui au duc de La Rochefoucauld Doudeauville. Les autres maisons de campagne d'Aulnay sont celle de M. de Cheaugiron, celle de M. Acloque de Saint-André, et surtout la délicieuse maison de M. le comte de Girardin. C'est à Aulnay qu'est mort, dans ces dernières années, un esprit distingué, un littérateur très-fin, très-spirituel et très-mordant, Henri de Latouche.

Bièvre, qui se trouve de ce côté, dans la délicieuse vallée et sur la petite rivière de ce nom, fut érigé en marquisat par Louis XV, et le premier possesseur de ce marquisat fut le fameux marquis de Bièvre, auteur du *Séducteur*, qui s'est surtout fait une réputation par ses nombreux calembours. On voit à Bièvre une belle manufacture de toiles peintes dont les produits rivalisent avec ceux de la célèbre manufacture de Jouy.

On visite encore les villages de *Verrières* et d'*Antony*. Verrières a un très-beau château. Antony-sur-la-Bièvre, à deux lieues et demie sud de Paris, est à une lieu de Sceaux.

XVI. — CORBEIL

trajet 1 heure.

On se rend à Corbeil par le chemin de fer de la gare

d'Orléans, située derrière le Jardin des Plantes. On trouve sur la route d'abord *Ivry*. Qui dirait que ces

Gare d'Orléans.

champs si fertiles et si riants étaient encore assez sauvages au temps de Louis d'Outre-mer pour que les cénobites les plus dégoûtés du monde vinssent y fixer leur résidence, si l'on doit en croire la légende de saint Frambours, qui se retira dans la solitude d'*Ibriacum* ou *Ivriacum* après le sacre de Louis d'Outre-mer.

La duchesse douairière d'Orléans habita jusqu'en 1821 une maison de campagne à Ivry; mademoiselle Contat, mariée à l'élégiaque Parny, choisit ce village pour y passer ses derniers jours. En sortant d'Ivry on débouche dans une vaste plaine qui sert quelquefois de champ de manœuvres aux troupes de la garnison.

Vient ensuite *Villejuif*, qui avait autrefois un très-beau château aujourd'hui abandonné ; *Choisy-le-Roi*, bourg placé dans une situation agréable sur la rive gauche de la Seine. Mademoiselle de Montpensier, fille de Gaston d'Orléans et cousine germaine de Louis XIV, y fit bâtir un château qu'on appela *Choisy-Mademoiselle*. Mademoiselle légua ce château au dauphin fils de Louis XIV et aïeul de Louis XV.

Choisy devint ensuite la propriété de madame de Louvois, qui venait de céder Meudon à Louis XIV ; il passa à madame la princesse de Conty, fille légitimée de Louis XIV ; après elle au duc de La Vallière, et enfin à Louis XV.

Le château de Choisy se composait de plusieurs bâtiments fastueux : le grand et le petit château. C'est dans ce dernier que se voyait cette table qui s'abaissait à l'étage inférieur et s'élevait toute servie dans la salle à manger, où les royaux convives étaient à l'abri des regards de la domesticité : monument de l'habileté du mécanicien et de la dépravation de la cour.

Le poète Gentil Bernard était bibliothécaire de Choisy sous le règne de Louis XV.

Les bâtiments du château appelés grands communs, ont été occupés par une manufacture de faïence fine. Quant au château, il n'existe plus.

Juvisy n'a de remarquable qu'un pont et deux fontaines monumentales ornées de trophées et de génies élevés sur un piédestal. Ce pont et ces fontaines sont de l'époque de Louis XV. Juvisy a encore un beau parc qui a été dessiné par Le Nôtre.

Quelques minutes avant d'arriver à Corbeil on aperçoit, sur la droite, un assez joli château : c'est *Petit-*

Bourg, qui appartenait autrefois au banquier Aguado, marquis de Las Marismas, et qui est aujourd'hui une colonie pénitentiaire de jeunes détenus.

Corbeil a une antique origine. Quelques historiens donnent pour fondateur à cette ville le Romain Corbulo, qui sous Néron combattit en Orient.

En 1112, Louis le Gros fit fortifier Corbeil; en 1119, le pape Calixte II y séjourna. Vers le même temps, Abélard forcé de fuir Melun, vint s'y réfugier avec ses disciples et y fonda une école. Pendant deux cents ans Corbeil fut le théâtre de luttes sanglantes. Assiégé par les Anglais, par les Bourguignons, il se défendit vivement. La seigneurie de Corbeil, douaire de plusieurs reines, fut engagée, vendue et échangée par plusieurs rois. Louis XII, en 1513, la vendit à Louis de Graville, amiral; François Ier la céda en 1530, en échange, à Antoine Dubois, évêque de Beziers. Henri II donna la châtellenie de Corbeil, en 1550, à François de Kervenenoy; cette seigneurie fut engagée en 1552 à Guy Larbaleste, président en la chambre des comptes; en 1580, la demoiselle de La Borde en jouissait à titre d'engagement; elle passa ensuite à Nicolas de Neuville, seigneur de Villeroy, et resta dans sa famille au titre d'engagement.

Henri IV fit le siége de Corbeil, qui s'était déclarée pour la Ligue et qui ouvrit ses portes au Béarnais. Quelques jours plus tard elle était reprise par les ligueurs, qui ne la gardèrent pas longtemps.

Corbeil est divisé en deux parties par le cours de la Seine et n'a rien de bien remarquable, si ce n'est l'église de Saint-Spire. Il se fait à Corbeil un commerce considérable de grains et surtout de farines; de beaux moulins sont établis sur la rivière de Juine. On y voit une belle halle solidement construite et des manufactures de papiers et de toiles peintes. Corbeil est chef-lieu d'un arrondissement du département de Seine-et-Oise.

A un quart de lieue de Corbeil est *Essonnes*, où l'on voit une manufacture de toiles peintes établie par Oberkampf, à l'instar de celle de Jouy; une filature de coton, et une fabrique de papiers qui appartient à M. Amédée Gratiot.

XVII. — CHEMIN DE FER DU NORD.

Suivons maintenant la grande ligne du chemin de fer du Nord, dont l'embarcadère est au clos Saint-Lazare, et arrêtons-nous aux différentes localités qui sont sur son parcours ou dans les environs.

La Villette, qu'on prendrait aujourd'hui pour la suite du faubourg Saint-Martin, était un gros village dans lequel eurent lieu les conférences religieuses qui devaient aboutir à la conversion d'Henri IV. Après Bercy, c'est l'entrepôt le plus considérable en vins, vinaigres, esprits et huiles

Le bassin de la Villette, qui est à la fois un réservoir pour alimenter les fontaines de Paris et un intermédiaire pour la navigation entre la Seine et les canaux, fut commencé en 1806 et terminé en 1809.

Belleville, à l'extrémité du faubourg du Temple. C'est le mercredi des Cendres qu'il eût fallu choisir il y a quelques années pour visiter Belleville. Ce jour-là, en effet, avait lieu la descente de la Courtille (nom que portait autrefois Belleville), solennité grotesque, où l'on voyait tous les masques attardés du carnaval populaire se précipiter des cabarets, guinguettes, bouchons qui foisonnent dans cette localité chère aux buveurs, pour rentrer dans Paris. Il était de bon ton autrefois, au sortir du bal de l'Opéra, de se rendre à la descente de la Courtille. Les lions du boulevard des Italiens, les élégantes de la Chaussée-d'Antin, venaient échanger des quolibets et des gros mots avec la fleur des faubourgs et des halles. L'égalité de la farine réunissait toutes les classes de la société. Aujourd'hui cette orgie en plein vent n'est plus qu'un souvenir, et la descente de la Courtille une tradition historique.

Les savants assurent que certains sols, connus des antiquaires sous le nom de *Savæ*, étaient frappés à Belleville, qui portait sous les rois des premières races le nom de *Savegia*. Les Mérovingiens eurent un palais à Belleville; il n'en reste plus de traces. Il a été remplacé par les innombrables villas que les bourgeois parisiens ont fait élever sur le plateau au pied duquel s'étendent les carrières de Belleville.

L'abbé de Voisenon, Favart et sa femme, habitèrent longtemps Belleville, et leur petit château a servi pendant plusieurs années de local à un pensionnat de jeunes demoiselles. Le modeste monument sous lequel reposaient l'auteur des *Trois Sultanes* et sa charmante moitié a cessé d'exister, mais les érudits et les antiquaires de Belleville montraient encore, après 1830, le cyprès qui ombrageait le squelette du couple lyrique.

Belleville, comme Montmartre, comme une foule d'autres localités, a perdu son caractère champêtre. Ce n'est plus un village, mais un faubourg de Paris, s'attendant chaque matin à être élevé à la dignité de quartier de la capitale.

Bagnolet. — La duchesse d'Orléans, femme du régent, voulant, dit Saint-Simon dans ses Mémoires, un lieu où elle pût se retirer quelquefois, acheta Bagnolet du fermier général Lejuge. Le régent fit accommoder cette résidence avec un luxe princier. Saint-Simon ajoute, en parlant de Bagnolet, que le duc d'Orléans l'invita à dîner à Bagnolet, et que c'est la seconde et la dernière fois qu'il eut l'honneur de manger avec ce prince.

Bagnolet servit également de résidence au cardinal Duperron, plus fort en politique qu'en poésie, s'il faut en juger par l'épitaphe suivante, qu'il consacra à Henri IV :

> Et la France et la Flèche, et les cieux et les arts,
> Les soldats et le monde, ont fait comme six parts
> Du roy Henry le Grand : car une si grand' chose
> Dedans un cercueil ne pouvait être élevé.
> La France en a le corps qu'elle avait enlevé ;
> La Flèche en a le cœur qu'elle avait éprouvé ;
> Les cieux en ont l'esprit, et les arts la mémoire,
> Les soldats le respect et le monde la gloire.

Le château de Bagnolet n'existe plus ; les héritiers du régent le vendirent, et cette immense propriété fut morcelée. Aujourd'hui Bagnolet ne se recommande plus à nos souvenirs que par le titre d'une chanson de Béranger, *l'Aveugle de Bagnolet*.

Les bois de Romainville et les prés Saint-Gervais. — Prés et bois chers à la grisette, à l'étudiant, au commis, aux paisibles bourgeois du Marais et du faubourg du Temple. Les poëtes les ont chantés, les romanciers y ont placé le théâtre de leurs livres. Les vaudevillistes les ont mis en scène. Qui n'a entendu parler des lilas de Romainville et des muguets des prés Saint-Gervais. Autrefois, les guinguettes aux contrevents verts, les bals champêtres, remplissaient ces lieux privilégiés de bruits joyeux; aujourd'hui la tonnelle est silencieuse, l'écho ne redit plus les quadrilles de l'orchestre : grâce aux omnibus, le bois de Boulogne n'est plus qu'à six sous de distance du Marais. L'étudiant, la grisette, le commis, ne font plus d'églogues maintenant que dans les restaurants et dans les cafés chantants des Champs-Élysées.

Pantin. — Ce village est contigu au bois de Romainville et aux près Saint-Gervais; le général Compans, attaqué par les Russes, les Prussiens et les Wurtembergeois réunis, y soutint à trois reprises différentes l'assaut d'un ennemi trois fois plus nombreux.

Ménilmontant. — Les étymologistes prétendent que le mot *mesnil* vient du latin *mansionale*, petite demeure, maisonnette; les savants ajoutent que cette maisonnette était la propriété d'un nommé *Mondan*, d'où le nom de *Mesnil-Mondan*, puis Ménilmontant.

Les buveurs qui, le dimanche et le lundi, remplissent les guinguettes de ce village situé au-dessus de la barrière qui porte son nom, se soucient probablement fort peu de cette étymologie qui nous semble un peu tirée par les cheveux. Quoi qu'il en soit, Ménilmontant est une localité très-animée, qui renferme un grand nombre de maisons de campagne, et plus de cabarets encore que de villas.

Madame Dacier, le célèbre bas-bleu du xviie siècle, habita longtemps Ménilmontant avec son mari, non moins érudit qu'elle. C'est là qu'elle mit la main à sa traduction d'Homère.

Ménilmontant a un titre encore plus éclatant au souvenir de l'histoire. C'est dans un des châteaux de ce pays que le père Enfantin, suivi de ses plus fidèles disciples, se retira pour vivre dans la retraite et faire un essai de l'organisation saint-simonienne. Là, chacun était rétribué selon sa capacité, et chaque capacité selon ses œuvres. On n'a pas oublié les plaisanteries auxquelles donna lieu le séjour des saint-simoniens à Ménilmontant. C'est du haut de ce Sinaï que le Moïse en béret rouge publia la loi qui devait changer la face du monde ; c'est de Ménilmontant que sortirent les adeptes de la croyance nouvelle pour entrer au conseil d'État, à la chambre des députés, dans les chemins de fer, dans la diplomatie, dans la haute banque, dans toutes les branches de l'administration, de l'industrie et du journalisme, où les saint-simoniens n'ont pas cessé depuis ce temps de jouer un rôle important.

Montfaucon. — A l'extrémité des faubourgs du Temple et Saint-Martin s'élève une éminence où étaient autrefois les fourches patibulaires. Seize piliers en pierre supportant de longues pièces de bois transversales, se dressaient sur un vaste carré en pierres. De longues chaînes de fer pendaient des travées, et servaient à soutenir les cadavres des suppliciés qui séchaient au vent et au soleil. C'étaient les *fourches de la grande justice*. L'infortuné chancelier Semblançay y fut attaché sous le règne de François Ier. Une espèce de fosse creusée sous les piliers recevait les corps tombés en pourriture : elle fut comblée et les piliers détruits, à l'époque de la Révolution. Ce lieu sinistre servit de voirie jusqu'au jour où elle fut transportée dans la forêt de Bondy. On y voyait un chantier d'équarrissage, célèbre par la grosseur et la voracité des rats qui l'habitaient, et par les chasses aux flambeaux auxquelles donnait lieu tous les mois la rapide multiplication de ces animaux immondes. Le propriétaire de ce chantier se livrait en grand à l'élève des asticots, et fournissait à la consommation de tous les pêcheurs à la ligne de la capitale.

Bercy. — C'est le principal entrepôt de liquides de la capitale. Vins, vinaigres, eaux-de-vie, huiles, s'accumulent dans les caves immenses de Bercy. Tous les crus sont représentés dans cette cité des bouteilles et des tonneaux. Le grand Bercy, le petit Bercy, la grande Pinte, la Vallée de Fécamp, le Pinceau, la Rapée, tels sont les noms des principales divisions de cet endroit. La plus connue de toutes est la *Rapée*. A ce nom seul les narines des gastronomes se dilatent au souvenir des matelotes et des fritures du *Berceau* et des *Marronniers*, les deux principaux sanctuaires de la cuisine ichthyophage.

Bercy était déjà un port important sous le règne de Louis le Gros. Depuis, son importance n'a fait que s'accroître. A l'entrepôt des vins, il joint encore un entrepôt de bois pour la charpente, le charronnage, et toutes les variétés de constructions. Bercy n'a qu'un ennemi redoutable : c'est le feu. On n'a pas oublié le terrible incendie de 1820, dont les pertes dépassèrent la somme de dix millions. Insoucieux comme Naples, Bercy boit, chante et rit sur un volcan composé de plus de cent cinquante mille pièces d'eau-de-vie.

La chapelle Saint-Denis. — Lorsque sainte Geneviève se rendait de Nanterre à Saint-Denis pour ouïr matines, la légende raconte qu'elle avait coutume de s'asseoir sur le rebord du fossé de la route une heure avant d'arriver à l'abbaye. Nos pieux ancêtres élevèrent une chapelle juste à l'endroit où se reposait la patronne de Paris; un hameau se groupa autour de l'oratoire, et la Chapelle-Saint-Denis fut fondée.

Rien ne rappelle aujourd'hui, dans ce lieu consacré

aux bruits profanes de l'industrie, la sainteté et le calme de son origine. Les cheminées à vapeur fument de tous côtés, les usines où on bat le fer retentissent, les charrettes, les camions se pressent à l'entrée de l'entrepôt du chemin de fer du Nord. Sainte Geneviève doit être bien étonnée lorsqu'elle revient visiter son ancien lieu de repos.

La Chapelle-Saint-Denis a été cependant de bonne heure une localité industrielle, car c'est sur son territoire qu'avait lieu cette fameuse *foire du Landit*, qui était chaque année la source de si grands désordres par suite de la turbulence de messieurs les escholiers de Paris. La Chapelle-Saint-Denis fut brûlée successivement par les Anglais, par les Armagnacs et par les Bourguignons; les Prussiens et les Anglais combinés s'en emparèrent après une très-vive défense en 1814. Le 3 mai suivant, le roi Louis XVIII partit de la Chapelle-Saint Denis pour faire son entrée solennelle dans la capitale. L'historien Mézerai est mort dans cette commune, et Lhuillier dit *Chapelle*, le spirituel collaborateur de Bachaumont, y est né.

Aubervilliers. — Pris et repris trois fois par les Prussiens en 1814, ce village, situé au milieu de la plaine Saint-Denis, fut ruiné par le séjour qu'y firent les troupes étrangères. Aubervilliers n'avait pas de chance : déjà dévasté plusieurs fois lors des guerres civiles des Armagnacs et des Bourguignons, il fut exempté de tout impôt par Charles V. Une chapelle de Notre-Dame-des-Vertus devint célèbre au moyen âge, et l'on y vint de fort loin en pèlerinage. Lors du siége de Paris, Henri IV établit son quartier général à Aubervilliers, et c'est là que s'ouvrirent les conférences pour le rétablissement de la paix.

Les oratoriens avaient établi à Aubervilliers une maison-professe de leur ordre. Le célèbre sceptique Isaac de La Peyrère, auteur d'un ouvrage curieux sur les *Préadamites*, habitait Aubervilliers.

> La Peyrère ici gît : ce bon israélite,
> Huguenot, catholique, enfin préadamite :
> Quatre religions lui plurent à la fois,
> Et son indifférence était si peu commune,
> Qu'après quatre-vingts ans qu'il eût pu faire un choix,
> Le bonhomme partit, et n'en choisit pas une.

La Peyrère avait quatre-vingt-deux ans lorsqu'il mourut à Aubervilliers après avoir inspiré cette épitaphe.

Saint-Denis. — Nous sommes ici dans une ville véritable, chef-lieu de sous préfecture, siège d'établissements importants, d'un chapitre d'évêques, d'une maison d'institution des filles de la Légion d'honneur; centre manufacturier, ancienne métropole, résidence d'une garnison assez nombreuse.

En 240, saint Denis prêchant l'évangile dans les Gaules, fut mis à mort par les autorités païennes en même temps que saint Rustique et saint Eleuthère, ses co-missionnaires. On sait que saint Denis ramassa sa tête au moment où le bourreau venait de la séparer du tronc, et se dirigea, tenant son chef à la main, vers un lieu nommé *Voie de Catulle*. C'était le nom d'une propriété appartenant à une dame romaine par les soins de laquelle saint Denis voulut être enseveli. Le tombeau de saint Denis, de saint Eleuthère et de saint Rustique fut donc construit sur cet emplacement, à côté duquel Dagobert fit bâtir une église. Saint-Denis s'agrandit petit à petit jusqu'au temps de l'abbé Suger, où l'on commença à le considérer comme une ville.

La basilique de Saint-Denis est le seul reste de cette abbaye, qui fut l'une des plus riches et des plus puissantes de la chrétienté. Cette église, qui menaçait ruine sur plusieurs points à la fois, a été restaurée sous le règne de Louis-Philippe 1er. La flèche, après sa restauration, a dû être reprise en sous-œuvre et recommencée. L'église souterraine est aussi intéressante et aussi curieuse que l'église extérieure. C'est sous ses cryptes que sont enterrés les rois de France à partir de la première race. Louis le Gros déposa sur le maitre autel de Saint-Denis l'étendard royal, l'oriflamme qui jusqu'à Charles VII brilla toujours à la tête des armées françaises. A la rentrée des Bourbons, un tapissier reçut l'ordre de fabriquer un étendard en soie rouge, une oriflamme qu'on plaça à son tour sur l'autel où elle est encore.

A l'ombre même de la vieille basilique s'élèvent les bâtiments de l'ancien cloître de l'abbaye, où furent transférées les pensionnaires de la Légion d'honneur autrefois à Écouen. Un décret a rétabli l'ancien chapitre de Saint-Denis sur les mêmes bases qu'à l'époque de l'empereur Napoléon 1er.

Il y a trois foires annuelles à Saint-Denis. Outre le chemin de fer et la route pavée, cette ville entretient des relations journalières avec Paris au moyen d'un canal qui sert surtout au transport des charbons. Cette ville possède des manufactures de toiles peintes.

Avant Dagobert, cependant, Chilpéric fit enterrer un de ses enfants dans l'église de Saint-Denis; mais Dagobert passe pour en être le fondateur, parce qu'il l'agrandit, qu'il enrichit l'abbaye et ses moines, et qu'il voulut reposer dans ses caveaux. Dagobert avait toutes sortes de raisons d'aimer Saint-Denis, car un jour que son père voulait le châtier pour avoir fait à son gouverneur l'injure atroce de lui arracher un bouquet de sa barbe, le jeune Dagobert entra tout en courant dans l'église Saint-Denis, où les serviteurs du roi son père ne purent jamais mettre les pieds, retenus qu'ils étaient par la main invisible du patron de céans.

Le sacre de Pepin le Bref eut lieu dans l'église Saint-Denis. Après cette cérémonie, il fit démolir entièrement l'édifice où elle s'était passée ; on remplaça le monument de Dagobert par une église qui ne fut terminée entièrement que sous Charlemagne ; sa consécration eut lieu en présence de l'empereur et de tous les seigneurs qui composaient sa cour alors fort nombreuse.

L'église de Pepin le Bref menaçait-elle ruines, ou l'abbé Suger avait-il tout simplement le goût de la bâtisse ? On l'ignore. Le fait est que sous sa régence Saint-Denis fut encore une fois démoli et reconstruit, mais si mal qu'il fallut le rebâtir cent ans après. Le style de cette basilique, remaniée à diverses époques, n'a pas sans doute toute l'unité désirable ; cependant l'ensemble est d'un assez beau caractère gothique.

Trois portes couvertes de bas-reliefs en bronze s'ouvrent sur la façade. Jésus-Christ, au milieu des saints, est représenté sur la porte du milieu. Le sujet qui vient au-dessous est le *Jugement universel:* à côté, on remarque la parabole des vierges de l'Évangile.

La lunette de la porte du midi représente saint Denis communiant une dernière fois dans sa prison ; les chambranles sont consacrés à la peinture des travaux des douze mois de l'année.

La mort de saint Denis et de ses trois compagnons compose le grand bas-relief de la porte du nord. Ce bas-relief a été refait en 1771. Sur les chambranles on voit les signes du zodiaque.

Le plan de la façade représente la rose symbolique qu'on a cru devoir transformer en cadran. Lorsque après la défaite et la captivité du roi Jean à la bataille de

Église de Saint-Denis.

Poitiers, la France fut en proie aux ravages des Anglais, les moines couronnèrent la façade de créneaux à l'endroit même où commencent les tours, pour mettre l'église en état de soutenir un siège.

Les deux tours n'ont jamais été pareilles, quoique cette égalité ait évidemment existé dans la pensée de l'architecte. La tour du midi, qui resta toujours dépourvue de flèche, renfermait le bourdon dont Charles V, en 1372, avait fait présent à l'abbaye. Il a été refondu deux fois : la première en 1508, et la seconde en 1758. L'épaisseur de cette cloche est de deux décimètres, elle mesure huit mètres de pourtour, son battant est de 250 kilos, et son poids total est de 700 kilos.

La flèche de la tour du nord, bâtie par Suger, fut frappée de la foudre en 1219, et reconstruite par l'abbé Eudes Clément. On travaille encore en ce moment à la restauration de la grande flèche, qui chancelait sur sa base. Sous le règne de Louis-Philippe, on entreprit et termina la restauration de la façade, dont les deux tours datent de l'époque de Suger, ainsi que les deux premiers arcs de la nef ; le reste de la nef et du chœur sont d'une époque différente. Le maître-autel, revêtu de marbre égyptien, orné d'un bas-relief en vermeil, représentant l'Adoration de Jésus-Christ par les bergers, est sans contredit un des plus splendides de France. Tous les autres ornements de cet autel, ainsi que la corniche, sont également en vermeil.

Les derniers vitraux contemporains de Suger furent enlevés en 1799, pour que le plomb qui les enchâssait servît à faire des balles.

Le chapitre de Saint-Denis fut reconstitué par un article du décret de 1806 ainsi conçu :

« Un chapitre, composé de dix chanoines, est chargé de desservir l'église de Saint-Denis. Ces chanoines sont choisis parmi les évêques, âgés de plus soixante ans, qui se trouvent hors d'état de continuer l'exercice des fonctions épiscopales. Ils jouissent, dans cette retraite, des honneurs, prérogatives et traitements attachés à l'épiscopat. Le grand aumônier de Sa Majesté est le chef de ce chapitre. »

Un décret du mois de décembre 1851 a prononcé le rétablissement du chapitre de Saint-Denis, supprimé sous le règne de Louis-Philippe. Les dispositions du nouveau décret ne font que reproduire en grande partie celles de l'ancien. Le nombre des chanoines seuls a été augmenté.

Nous ne quitterons pas la basilique de Saint-Denis sans avoir fait une visite à la chapelle souterraine, à laquelle se rattachent tant de souvenirs historiques. On y entre par une porte placée à la gauche du chœur, et qui s'ouvre sur une galerie demi-circulaire, où se dressent immobiles sur leur piédestal les statues des rois de France.

Un caveau consacré aux membres de la dernière dynastie des Bourbons de la branche aînée occupe le centre de la première nef. Sur les marches de ce caveau est placé, selon l'usage traditionnel, le cercueil du dernier roi mort, en attendant que son successeur l'y vienne remplacer. Des plaques de marbre noir, des pilastres en pierre de liais, des dalles de marbre noir et blanc ornent les abords du caveau dans lequel reposent Louis XVI, Marie-Antoinette, madame Adélaïde et madame Victoire, deux enfants du duc de Berry, ce prince lui-même et Louis XVIII.

Sur la proposition de Barrère, la Convention rendit, le 31 juillet 1793, le décret suivant :

« Les tombeaux et mausolées des ci-devant rois élevés dans l'église Saint-Denis, dans les temples et autres lieux dans toute l'étendue de la république seront détruits. »

Le 6 août suivant, on procéda à l'exécution de ce décret. Cinquante-un tombeaux furent démolis en trois jours. On inhuma dans le cimetière de Saint-Denis tous

Caveaux de Saint-Denis.

les ossements qui en provenaient. Le tombeau de Turenne était à Saint-Denis. On l'ouvrit ; le cadavre était dans un parfait état de conservation : on pouvait admirer encore la sévère physionomie du vainqueur de Condé.

Une commission *des monuments* avait été choisie pour surveiller les opérations d'exhumation et mettre de côté les objets d'art qui pourraient en provenir. Nous croyons devoir mettre sous les yeux du lecteur quelques fragments du procès-verbal de cette commission.

« On ne trouva que très-peu de chose dans les cercueils en pierre creusée. Il y avait un peu de fil d'or faux dans celui de Pepin. Chaque cercueil contenait la simple inscription du nom sur des lames de plomb la plupart oxydées.

« Ce qu'on trouva de plus remarquable, ce fut le sceau d'argent de forme ogivale de Constance de Castille, seconde femme de Louis VII dit le Jeune, morte en 1160; il pesait trois onces et demie. Ce sceau fut déposé à la municipalité pour être ensuite rendu au cabinet des antiques de la Bibliothèque nationale.

« Le caveau de Charles V, dans la chapelle des Charles, fut ouvert le premier. On trouva dans le cercueil de ce roi une couronne en vermeil bien conservée, une main de justice d'argent et un sceptre de cinq pieds de long, surmonté de feuilles d'acanthe dont la dorure avait conservé tout son éclat.

« On trouva dans le cercueil de Jeanne de Bourbon, sa femme :

« Un reste de couronne.

« Un anneau d'or.

« Des débris de bracelets et de chaînes.

« Une quenouille en bois doré à demi pourrie.

« Des souliers à la poulaine brodés d'or et d'argent, détruits en partie.

« Le cercueil de Charles VII montra encore une certaine quantité de vif argent à l'état fluide, qu'on avait jeté sur le corps, présumant sans doute que cette substance en favoriserait la conservation.

Le corps de Louis VIII, enveloppé dans une espèce de sac de cuir, était presque en poussière. Une culotte de soie et un bandeau d'étoffe furent les seuls objets trouvés dans son cercueil.

Philippe le Bel était couché dans un cercueil de pierre en forme d'auge recouvert d'une feuille de plomb, ayant à son côté un sceptre en cuivre doré, terminé par un oiseau du même métal sortant d'une touffe de feuillage. »

Le caveau des Bourbons fut ouvert le dernier. On reconnut que le crâne d'Henri IV avait été scié, afin qu'on pût remplacer la cervelle par une étoupe imprégnée d'une liqueur alcoolique dont la senteur avait conservé toute sa force. Louis XIII était encore reconnaissable à les longues moustaches; Louis XIV avait la face intacte, mais noire comme celle d'une momie d'Ethiopien; le corps de Louis XV, retiré du cercueil au cimetière même, exhala une telle puanteur, qu'on dut le jeter immédiatement dans un lit de chaux vive.

Dans le cercueil du roi Dagobert, mort en 638, on trouva un coffre de bois qui renfermait les os de Nantilde sa femme. Dagobert mesurait plus de six pieds de longueur; sa tête était séparée du tronc.

Tout le plomb des toitures de l'église avait été enlevé pour fondre des balles; l'édifice, mutilé par bien d'autres dégradations, menaçait ruine, lorsqu'en 1804 la Société des amis des arts adressa une pétition au ministre de l'intérieur pour nommer une commission d'architectes chargée d'examiner les réparations à faire à la vieille basilique. Les conclusions furent adoptées, et deux ans plus tard, sur le rapport de cette commission, l'empereur Napoléon décrétait :

« L'Église de Saint-Denis est destinée à la sépulture des Empereurs; quatre chapelles seront érigées dans l'église, dont trois dans l'emplacement qu'occupaient les tombeaux des rois de la seconde et de la troisième race, et la quatrième dans l'emplacement destiné à la sépulture des Empereurs. Des tables de marbre, placées dans chacune des chapelles des trois races, contiendront les noms des rois dont les mausolées étaient dans l'église Saint-Denis. »

Une autre article du décret créait un chapitre abbatial composé de dix chanoines.

Le caveau creusé pour la dynastie napoléonienne n'a renfermé jusqu'ici que les restes du jeune Louis, fils de Louis, roi de Hollande. En 1814, les Bourbons firent enlever le corps, qu'on relégua dans le cimetière de la ville pour faire place à celui de Louis XVI.

Cour de la Légion d'honneur.

Les anciens bâtiments du cloître de l'abbaye réparés par Napoléon, devinrent le siége de la fameuse maison où les filles, sœurs, nièces ou cousines des membres de la Légion d'honneur, reçoivent une éducation aux frais de l'État. Les élèves sont au nombre de cinq cents; cent seulement paient pension. Louis XVIII admit dans cet établissement les filles, sœurs et cousines des chevaliers de Saint-Louis. L'institution d'Écouen, formée dans la même pensée, et placée par Napoléon sous la direction de madame Campan, fut réunie à la maison de Saint-Denis, dont la direction est confiée à une surintendante qui a sous ses ordres dix dames de première classe et trente de seconde classe.

Saint-Denis porta pendant la révolution le nom de *Franciade*. Disons, en terminant, que c'était à Saint-Denis que se tenait au moyen âge cette célèbre foire du *Landit*, où les étudiants de Paris se livraient à toute la fougue que comportaient les mœurs barbares de l'époque.

Ile Saint-Denis. — Sur la gauche de la ville, la Seine forme une île charmante où de toutes parts s'élèvent des maisons de campagne, des jardins, des vergers et de joyeuses guinguettes. L'île n'a pour habitants que des pêcheurs, des aubergistes, et quelques blanchisseuses. Elle est bien connue des bourgeois de Paris, des commis, des grisettes qui y vont en partie fine savourer la matelote d'anguilles et la friture de goujons. Les canotiers tiennent le haut du pavé dans l'île Saint-Denis, et en font une des escales les plus fréquentées des bords de la Seine.

Saint-Ouen. — Passons maintenant sur la rive gauche, et suivons les bords de la rivière; ils nous conduiront au pied de la hauteur où s'élève Saint-Ouen, *Villa Sancti Audoëni,* comme l'appellent les chartres du temps du roi

Dagobert, qui possédait, dit-on, une ferme ou un château sur le territoire de cette commune.

M. de La Seiglière de Boisfranc, seigneur de Saint-Ouen et dépendances, en 1660, fit construire le château actuel sur les plans de l'architecte Le Pautre. Cette résidence passa entre les mains du duc de Gesvres, qui s'en défit en faveur de madame de Pompadour, laquelle, après l'avoir considérablement augmentée, le céda moyennant finance au duc de Trèmes. Il était dans un état de dégradation déplorable, lorsque Louis XVIII s'y arrêta en 1814 avant de faire son entrée solemnelle dans sa bonne ville de Paris.

C'est en se promenant sur cette vaste terrasse, d'où l'on découve un panorama si magnifique, que Louis XVIII médita les articles de la Charte. Le concierge du château montre au visiteur la table sur laquelle fut signé cet acte mémorable.

En souvenir de la Charte, Louis XVIII acheta, en 1816, le château de Saint-Ouen, et en fit cadeau à sa favorite *ad honores*, madame Du Cayla.

Saint-Ouen renferme plusieurs autres habitations célèbres, parmi lesquelles on peut citer celle du duc de Nivernais; celle du duc de Rohan, que le ministre Necker habita pendant plusieurs années, et qui, après avoir été la propriété d'un chiffonnier, fut achetée par une artiste de l'Opéra. C'est un banquier qui la possède maintenant.

Sur l'emplacement même de la villa du bon roi Dagobert, s'il faut en croire les archéologues, a été bâti un château, dont le célèbre manufacturier Terneaux a été longtemps le propriétaire. C'est dans cette propriété, dont le parc a des éclaircies d'horizon qui embrassent trente lieues d'étendue, que furent faits les essais pour la conservation du blé dans les silos à la manière arabe; c'est là aussi que Terneaux créa des étables destinées à l'acclimatation des chèvres du Thibet, dont le tissu sert à la fabrication des châles qui portent son nom.

En face du village, s'étend l'immense rideau de peupliers qui cache les abords de l'île Saint-Ouen, lieu de promenade presque aussi fréquenté que l'île Saint-Denis. Les Parisiens viennent y faire le dimanche des dîners sur l'herbe, et s'y livrer à tous les charmes de la pêche à la ligne. Le poisson y est abondant, mais surtout dans la cuisine du restaurant de l'île.

Revenons maintenant sur nos pas, et allons prendre à Saint-Denis, à la station du chemin de fer du Nord, les voitures qui desservent les principales localités environnantes, qui sont :

Écouen. — Burchard, la tige des Montmorency, est le premier seigneur suzerain d'Écouen dont l'histoire nous ait transmis le nom. Il fit cadeau de ce bourg à l'Église. C'est dans le château d'Écouen, bâti sous François Ier par le connétable Anne de Montmorency, que Napoléon établit d'abord, sous la direction de madame Campan, la maison des filles de la Légion d'honneur, en 1808. Le prince de Condé, qui, en 1814, rentra en possession de ce château, avait formé le projet d'y fonder une maison militaire où seraient élevés les fils des chevaliers de Saint-Louis, et des officiers de l'émigration et des guerres de la Vendée. La mort l'empêcha de réaliser ce plan. Les convulsionnaires tinrent quelques réunions à Écouen.

Villiers-le-Bel. — On y remarque de fort belles fabriques de tuiles.

Sarcelles n'offre rien de remarquable.

Pierrefitte, idem.

Gonesse. — Ce bourg faisait autrefois partie des domaines de la couronne. Il était renommé par le talent de ses boulangers. Le pain de Gonesse a joui d'une immense réputation pendant tout le moyen âge. A cette époque, des manufactures de drap assez importantes existaient encore à Gonesse. La halle de la rue de la Tonnellerie portait le nom de *halle aux Bourgeois*, habitants *pelletiers et drapiers de la ville de Gonesse*. Aujourd'hui Gonesse a perdu toute son importance indutrielle et agricole.

Arnouville. — M. de Machault, lieutenant de police en 1757, obtint l'érection de cette terre en comté. Louis XVIII y séjourna pendant trois jours en 1815, avant d'entrer dans Paris.

Garges. — Encore une ancienne résidence du roi Dagobert. Ce bon roi, dit la tradition, montant en litière à Garges, promit à un poëte improvisateur qui suivait sa cour les deux bœufs de son attelage si son ascension en carrosse inspirait quelque chose au poëte.

Ascendat Dagobert; veniat bos unus et alter.

Montez, sire, et les deux bœufs sont à moi. La réponse n'était pas très-forte, mais Dagobert n'en crut pas moins devoir s'exécuter. Un champ de mai des seigneurs franks eut lieu à Garges en 635 sous la présidence de Dagobert.

Stains n'offre rien de remarquable.

Après la station de Saint-Denis, vient celle d'Épinay.

Épinay-sur-Seine. — Spinogelum ou Spinoïlum, c'est-à-dire épineux, disent les étymologistes, et enfin

Épinay, à cause de l'immense quantité de buissons à épines qui couvraient son territoire. Les rois chevelus y avaient pourtant fait bâtir une maison de plaisance. C'est dans ce château que mourut Dagobert.

Nous arrivons à la station d'Enghien.

Enghien-les-Bains. — Ce lac, entouré de chalets suisses, de pavillons, de kiosques, de chaumières, de tourelles gothiques, est sans contredit une charmante miniature. Des barques à voiles et à rames le sillonnent

Enghien-les-Bains.

depuis le matin jusqu'au soir. Moyennant une rétribution qui ne dépasse pas le prix d'un franc par heure, on peut se donner le plaisir de côtoyer les rives de ce lac lilliputien; le pays est ravissant; de tous côtés ce ne sont que paysages, points de vue, souvenirs historiques, habitations célèbres. On trouve à Enghien des ânes, des chevaux, des voitures, comme à Baden-Baden ou à Spa. Les eaux minérales d'Enghien valent, assure-t-on, pour une foule de maladies les sources les plus renommées de l'Allemagne et du Midi de la France; l'établissement est suffisamment vaste et confortable, et cependant on n'a jamais pu parvenir à faire d'Enghien une ville de bains sérieuse et authentique comme celles que nous venons de citer. On prétend que cela tient à la trop grande proximité de Paris.

Saint-Gratien. — A l'extrémité supérieure du lac d'Enghien, dont il n'est séparé que par quelques bouquets d'arbres et par un rideau de peupliers, s'élève le joli village de Saint-Gratien, du nom de Gratianus, son patron, qui reçut le martyre quelque temps après saint Denis, saint Éleuthère et saint Rustique, les premiers apôtres de la Gaule.

C'est dans ce village, au milieu des paysans dont il était l'arbitre et le père, que le maréchal Catinat, ce guerrier philosophe, termina sa carrière, loin d'une cour qui méconnut ses services. Le château de Catinat, si ce n'est pas un nom trop ambitieux pour cette résidence, est toujours debout, et on montre encore aux promeneurs un arbre que le vainqueur de Marsaille planta et cultiva de ses propres mains. On voit aussi dans une chapelle de la paroisse l'humble monument qui renferme les restes mortels de Catinat.

Deueil. — Rien de plus mensonger que le nom de ce hameau, dont la vue ne peut inspirer que des idées gaies et riantes. Quelques-uns des compagnons de saint Denis, s'il faut en croire la légende, s'établirent dans ce village, qui s'appelait *Dyolium*. Dans les VIIe et VIIIe siècles, les Parisiens venaient en pèlerinage, à Deuil, au tombeau de saint Eugène; aujourd'hui ils ne s'y rendent guère que pour y boire du lait, y manger des cerises, et y fixer leur quartier général pour se répandre ensuite dans la vallée de Montmorency.

Montmorency. — Abandonnons un moment le chemin de fer, et obliquant sur la droite dirigeons-nous du côté de Montmorency et de sa ravissante vallée. Prenons la voiture publique qui stationne devant la gare d'Enghien; en attendant qu'un rail-way maintenant en cours d'étude relie Enghien et Montmorency, un omnibus nous conduira au sommet de la colline où s'élève l'antique *Mons Morentii*, du nom du préteur Morentius, qui y fit construire une forteresse.

Nous voici sur la place du village; regardez le cheval

Les ânes de Montmorency.

blanc qui sert d'enseigne à cette auberge ; il a été peint par Gérard. C'est un hommage du peintre au cuisinier Leduc, dont le souvenir n'est pas encore éteint dans la mémoire des gastronomes. A l'angle de la place est l'ancienne maison d'une autre célébrité gastronomique, du fameux Véry. A côté, le loueur de chevaux étiques et d'ânes rebelles, sur lesquels se hissent, tous les dimanches, pour parcourir les environs, les gais visiteurs venus de la capitale. Jetons un coup d'œil sur l'église, échantillon assez ordinaire de l'architecture du XIVe siècle, et descendons dans le pays.

Nous commencerons notre pèlerinage par l'*Ermitage* de Rousseau.

Robespierre, disciple fanatique de Rousseau, aimait à

Ermitage de Jean-Jacques.

se rendre seul à l'Ermitage et à y passer des journées entières dans la méditation. Après l'*Ermitage,* nous visiterons *Mont-Louis,* où las de l'asile que lui offrait madame d'Épinay, l'*ours* se réfugia pour écrire la *Nouvelle Héloïse* et le *Contrat Social,* ainsi que l'indique une inscription placée sur la façade de la maison.

L'*Ermitage* et *Mont-Louis* sont sans contredit les deux habitations les plus célèbres de Montmorency, grâce à Jean-Jacques Rousseau. Nous citerons cependant encore la maison qu'occupa longtemps le chevalier de Piis, à côté même du cimetière, situation singulièrement choisie pour le père du vaudeville moderne, pour le président du Caveau et le sectateur fervent de la vieille gaieté française.

C'est à Mont-Louis que Jean-Jacques Rousseau termina le *Contrat social* et *Emile,* commencés à l'Ermitage. Les quatre tilleuls ombrageant une table de pierre placée sur la terrasse du donjon ont été, dit-on, plantés par le philosophe. Sur cette table sont gravés les vers suivants :

> C'est ici qu'un grand homme a passé ses beaux jours,
> Vingt chefs-d'œuvre divers en ont marqué le cours,
> C'est ici que sont nés et Saint-Preux et Julie ;
> Et cette simple pierre est l'autel du génie.

L'inscription qu'on va lire brille au-dessus de la porte d'entrée de la maison :

« Cette maison, appelée ci-devant le *Petit Mont-Louis,* a été habitée par Jean-Jacques Rousseau à sa sortie de l'Ermitage, depuis le 15 décembre 1757 jusqu'au 9 avril 1762, qu'il en fut arraché, à deux heures après minuit, par ses amis le maréchal de Luxembourg et le prince de

Conti, qui voulurent le soustraire au décret de prise de corps lancé contre lui le 8 du même mois par le parlement de Paris, après la publication de l'*Emile*. Indépendamment de cet ouvrage, Rousseau composa ici sa *Lettre sur les spectacles*, le *Contrat social*, et mit la dernière main à la *Nouvelle Héloïse*. »

Pour épuiser tout ce que nous avons à dire sur les diverses résidences de Jean-Jacques Rousseau dans la vallée de Montmorency, nous parlerons ici d'Ermenonville, où l'on se rend de la façon la plus charmante en suivant les sentiers tracés dans la campagne et dans les bois.

Ermenonville. — Cette poétique habitation s'est élevée grâce aux soins de M. de Girardin et au talent de son architecte Morel, et a remplacé un château en ruines où Gabrielle d'Estrées venait porter ses rêveries et recevoir les visites de son royal amant. Une tour aux trois quarts écroulée est le dernier débris qui ait survécu à ce manoir qu'entourait autrefois un marais ou un lac; sur la porte de la susdite tour les antiquaires assurent qu'on lisait autrefois :

> En cette tour droit de péage
> La belle Gabrielle avoit.
> C'est de tous les temps que l'on doit
> A la beauté foi et hommage.

Le nouveau propriétaire embellit fort cette propriété et ses dépendances; le parc fut agrandi, les eaux stagnantes qui l'environnaient furent converties en rivières et en cascades, le corps de logis entièrement restauré prit l'aspect élégant que nous lui voyons aujourd'hui.

Les inscriptions poétiques abondent à Ermenonville. On lit à l'entrée du parc :

> Ici l'aimable nature,
> Dans sa douce simplicité,
> Est la touchante peinture
> D'une tranquille liberté.

N'épiloguons point sur ce quatrain peut-être un peu obscur, et après avoir franchi l'entrée du parc arrêtons-nous un moment devant l'*Autel de la rêverie*, sur lequel sont inscrits les noms de Virgile, Gessner, Thompson, Saint-Lambert.

Un pont de bois conduit de cet autel païen à l'Ermitage.

> Au Créateur j'élève mon hommage
> En l'admirant dans son plus bel ouvrage.

Tel est le distique qui brille au-dessus de la porte de l'Ermitage. Quelques pas plus loin se présente un monument funèbre ombragé par des cyprès et des saules pleureurs. Ce monument est destiné à consacrer le souvenir de nos luttes civiles. En face on aperçoit les piliers svelte de la salle de bal.

Sur une éminence qui domine les environs s'élève le *Temple de la philosophie*, dédié à Montaigne, avec cette inscription au bas du fronton :

> Rerum cognoscere causas.

Sur les six colonnes du péristyle sont gravés les noms de ceux qui ont contribué le plus à l'érection du temple de la philosophie.

Jean-Jacques Rousssseau. .	*Naturam.*
Penn	*Humanitatem.*
Descartes	*Nil in rebus inane.*
Montesquieu.	*Justitiam.*
Newton	*Lucem.*
Voltaire.	*Ridiculum.*

Au pied d'une colonne brisée se lisent ces deux inscriptions : *Quis hoc perficiet ? Falsum stare non potest.*

En quittant le Temple de la Philosophie, le parc prend tout à coup un aspect plus sévère et plus mélancolique; nous entrons dans cette partie qu'on appelle le *Désert*. Voici la chaumière qu'habita Rousseau. Encore une inscription :

« Celui-là est véritablement libre, qui n'a pas besoin de mettre les bras d'un autre au bout des siens pour faire sa volonté. »

Après le Désert vient l'*Arcadie*. S'il pleut, vous entrerez dans une grotte où l'empereur Léopold II vint aussi chercher un abri pendant une visite qu'il fit à Ermenonville.

Entrons maintenant dans cette petite barque et faisons-nous conduire dans l'île des Peupliers. Au centre de cette île, une fosse maçonnée renferme les restes d'un grand homme, *hic jacent ossa J.-J. Rousseau*, comme dit l'inscription gravée sur le cercueil. On lit sur un des côtés du tombeau :

ICI REPOSE
L'HOMME DE LA NATURE ET DE LA VÉRITÉ.

Les bas-reliefs représentent une mère lisant *Emile*

pendant qu'elle allaite son enfant, et des jeunes gens qui font un sacrifice sur l'autel de la nature ; au centre d'une couronne de pierre est gravée la devise du philosophe :

Vitam impendere vero.

Rousseau ne trouva point à Ermenonville le repos qu'il cherchait en quittant l'ermitage de Montmorency. C'est le 20 mai 1778 qu'il vint s'établir à Ermenonville; il y mourut deux mois après. Il y passa son dernier printemps.

Les omnibus du chemin de fer, à la station d'Enghien, conduisent également à

Groslay. — Sur le coteau boisé de Montmorency s'élève Groslay, qui domine la vallée avec ses maisons de campagne groupées au milieu des massifs d'arbres verdoyants. Entrez dans l'église, elle est très-ancienne et mérite de fixer un moment l'attention de l'archéologue. Les femmes y brodent des dentelles dans le genre de celles de Chantilly ; les hommes s'adonnent principalement à la culture de la vigne.

Margency. — Rien de remarquable.

Saint-Brice. — Renommé pour la salubrité de l'air qu'on y respire.

Montlignon. — Où l'on voit de très-beaux vergers.

Traversons rapidement Saint-Prix, Maffliers, Saunois, Ermont, qui ne méritent pas qu'on s'y arrête, et reposons-nous un moment à Franconville.

Francorum villa, Franconville. — Un des plus jolis villages de la vallée de Montmorency. Le philologue Court de Gébelin est enterré dans son église. La plus connue de ses maisons de campagne est la Maison Rouge, successivement habitée par Cassini et par Casanova, deux célébrités d'un genre fort différent. C'est une station du chemin de fer où l'on trouve des voitures pour Taverny.

Jetons en passant un coup d'œil sur Pontoise, et dirigeons-nous sur l'*Ile-Adam*, site pittoresque qu'embellissent encore une foule d'habitations particulières et l'ancien château du prince de Conty, bâti au milieu d'une île de l'Oise. Il n'en reste plus que deux pavillons.

Saint-Leu-Taverny est digne à plus d'un titre de l'attention du voyageur. C'est dans ce château, qui bientôt aura disparu sous le marteau de la spéculation particulière, que le dernier des Condé finit misérablement sa vie, suspendu à une espagnolette.

Maintenant que rien ne nous retient plus, courons à Chantilly.

Chantilly. — Cette magnifique résidence des Condé fit envie à Louis XIV, c'est tout dire. Le grand roi manifesta le désir de l'avoir, et dit à son cousin d'en fixer lui-même le prix. « Chantilly est à vous, sire, répondit le vainqueur de Rocroy, à une condition, c'est que Votre Majesté daignera me choisir pour son concierge. »

Louis XIV comprit et n'insista pas.

Chantilly faisait partie du duché de Montmorency, qui après la condamnation à mort du chef de cette maison passa, par suite de la confiscation, dans la maison de Condé. Après la Révolution, ce château, qui vit le suicide de Vatel, fut converti en prison et en caserne de cavalerie. Il fut restauré au retour de l'émigration par le prince de Condé et par le duc de Bourbon son fils, qui en testant le légua au duc d'Aumale.

Une visite en détail à Chantilly peut seule donner une idée exacte des beautés de cette résidence qui, au point

Château de Chantilly.

de vue des œuvres d'art, ne le cède qu'à Versailles et à Fontainebleau.

Chantilly est plutôt une petite ville qu'un bourg ; on y trouve des fabriques de porcelaine, quelques filatures de coton, et des ateliers de dentelles et de blondes qui jouissaient d'une certaine réputation dans le commerce.

Une fois par an, Chantilly prend les airs d'une capitale : c'est au mois de septembre, à l'époque des courses. Pendant trois jours Chantilly devient un véritable petit Paris. Le boulevard des Italiens s'y transporte en masse, et sa vaste pelouse est une contrefaçon véritable du Champ-de-Mars. Chantilly est ce qu'on pourrait appeler l'Epsom ou le Derby de la France ; c'est là qu'ont lieu ordinairement les courses les plus importantes et que l'aristocratie des haras conquiert ses véritables titres de noblesse.

Ces courses sont placées sous la direction de la

Courses de Chantilly.

Société d'encouragement pour l'amélioration de la race chevaline, dont le siége est au Jockey-club.

La création du chemin de fer a nui sinon à la splendeur des courses, du moins à la splendeur particulière de Chantilly. En général on revient coucher à Paris; autrefois les membres du Jockey-club louaient des maisons entières, s'y installaient en compagnie de femmes plus ou moins morganatiques, donnaient des dîners, des fêtes, des bals, tiraient des feux d'artifice; puis les lustres s'éteignaient, le bruit de l'orchestre cessait de se faire entendre, et Chantilly retombait dans son silence et dans son repos jusqu'à l'année suivante.

Le duc d'Aumale, devenu possesseur de Chantilly en vertu du testament de son cousin le duc de Bourbon, compléta le travail de restauration commencé par ce prince à son retour de l'émigration. Chantilly avait été fort maltraité pendant la Révolution ; aujourd'hui toute trace de ces ravages a disparu ; on se croirait transporté, en visitant ce domaine, au temps où le grand Condé l'animait encore de sa présence, et où le *grand et le petit château, les écuries, le parc, l'île d'Amour, l'orangerie, la fontaine de la tenaille, les cascades, le canal des truites, la faisanderie, le pavillon de Nanse, le grand canal, l'étang de Sylvie, la laiterie, la ménagerie faisaient l'admiration de la cour de Louis XIV.*

Nous engageons le voyageur à parcourir en outre les admirables jardins anglais, la galerie du Petit-Château, entourée d'eau de toutes parts, et renfermant toutes les batailles du grand Condé, et le tableau de Lemoine représentant Clio arrachant quelques chapitres au livre de la vie du héros. Les fameuses écuries, espèce de palais pouvant contenir plus de cent chevaux, demandent une visite.

Il faut bien se garder d'oublier l'ascension au château de la Reine Blanche, bâti en pleine forêt sur les bords de quatre étangs qui mêlent leurs eaux. Nous conseillons aux amateurs de vénerie une petite course d'une demi-heure à la faisanderie.

Une heure nous suffira pour visiter la cathédrale de Senlis, dont le clocher est l'un des plus hardis et des plus gracieux efforts de l'architecture gothique, puis nous partirons pour Morfontaine.

Morfontaine. — Une femme qui a laissé un nom tristement célèbre avait fixé sa résidence au château de Morfontaine, qu'elle tenait des libéralités du prince de Condé. Il est passé entre les mains des héritiers de la baronne de Feuchères.

Ce domaine appartenait à M. Pelletier de Morfontaine; Joseph Bonaparte l'acheta et y fit des séjours assez fréquents. C'est là qu'il donna aux envoyés des États-Unis cette fameuse fête qui a laissé des traces dans toutes les mémoires du temps.

Du haut du rocher immense sur lequel est gravé ce vers de Delille

Sa masse indestructible a fatigué le temps,

l'œil embrasse la vue des deux magnifiques étangs dans lesquels se reflètent les superbes massifs du parc. La cime verdoyante des forêts s'étend de tous côtés à perte de vue, et la flèche de la cathédrale de Senlis se détache à l'horizon. L'aspect général de Morfontaine est grandiose et sévère; c'est une des habitations des environs de Paris où l'on peut le mieux se rendre compte de ce qu'était l'existence des grands chasseurs de l'ancienne noblesse française. Les chasses du duc de Bourbon sont encore célèbres dans le pays.

Poissy. — *Pisciacum*, disent les étymologistes, autrement dit lieu à poisson, endroit poissonneux. La Seine, en effet, trompe rarement l'attente du pêcheur assis sur les bords non loin desquels s'élève Poissy. Le château de Poissy est célèbre pour avoir vu naître saint Louis, le

24 avril 1215. La célèbre réunion désignée dans l'histoire sous le nom de *Colloque de Poissy* s'y tint en 1561.

L'architecture de l'église de Poissy ne remonte pas au delà du xiiie siècle. Au bas d'une fenêtre de la chapelle dont les vitraux représentent l'accouchement de la reine Blanche, on lit le quatrain suivant :

> Saint Louis fut un enfant de Poissy,
> Et baptisé en la présente église ;
> Les fonts en sont gardés encore ici,
> Et honorés comme relique exquise.

Poissy est un centre agricole d'une certaine importance à cause des marchés qui s'y tiennent, et auxquels viennent s'approvisionner les bouchers de Paris. C'est également à Poissy qu'ont lieu les concours des bêtes à cornes. L'élection du bœuf gras a lieu chaque année à Poissy.

Le plus important des établissements de Poissy est sans contredit la maison de correction où furent détenus deux journalistes du temps de la Restauration, Magalon et Fontan, et soumis au régime des voleurs, des faussaires, des criminels de tout genre qui subissent à Poissy leur condamnation.

Compiègne. — Ce chef-lieu d'arrondissement se vante d'avoir possédé le premier orgue venu en Europe, celui-là même que Constantin Copronyme, empereur d'Orient, envoya à Pepin le Bref, et dont celui-ci fit hommage à l'abbaye de Sainte-Corneille. Compiègne fait remonter son origine au temps où les Gaulois vinrent s'établir dans les Gaules. Quoiqu'on montre des ruines que les habitants assurent être un camp de Jules César, on ne sait rien de positif sur l'histoire de Compiègne, alors *Carlopolis*, jusqu'au règne de Charles le Chauve, qui fonda la fameuse abbaye de Sainte-Corneille et enrichit son trésor du saint Suaire, miraculeusement retrouvé par Charlemagne. C'est à cela sans doute que Compiègne dut l'honneur de voir tenir six conciles dans ses murs.

C'est pendant le siège de Compiègne, que trahie par le gouverneur de la ville, qui après une sortie fit fermer sur elle les ponts-levis, Jeanne d'Arc fut prise et vendue aux Anglais.

Le château de Compiègne fut bâti par saint Louis. Louis XI et François 1er l'augmentèrent successivement. Le connétable de Montmorency, Louis XIV et Louis XV se plurent à l'orner et à l'embellir. Marie de Médicis y a également laissé des traces de son passage. L'empereur Napoléon aimait aussi cette ré-

Château de Compiègne.

sidence et à l'époque de son mariage avec l'archiduchesse d'Autriche Marie-Louise, il en fit renouveler tout le mobilier. Les chroniques de la cour impériale racontent les interminables discussions de famille qui eurent lieu entre les frères de l'Empereur pour la possession d'un cabinet que chacun d'eux voulait occuper. Il ne fallut rien moins que la volonté plus d'une fois exprimée de Napoléon pour mettre fin au conflit. On montre encore aux visiteurs ce cabinet de discorde.

Louis XVIII s'occupa beaucoup du château de Compiègne et y fit d'utiles additions. Charles X, dont la passion pour la chasse est si connue, s'occupa plus de la forêt que du château, et y opéra des percements dont les chas-

Place de l'Hôtel de Ville.

seurs approuvèrent fort l'exécution. La forêt de Compiègne est une des mieux installées et des plus giboyeuses, aussi chaque année est-elle le théâtre des grandes chasses de la cour, qui y donne également des fêtes pendant l'automne.

Compiègne, comme ville, a perdu beaucoup depuis le XVIe siècle. C'était autrefois un centre manufacturier

Ruines de Pierrefonds.

assez considérable. Les guerres civiles changèrent tout cela. Compiègne n'a plus d'autre importance que celle que lui donne le château.

Sur la place se trouve l'hôtel de ville, une des merveilles archéologiques de la France. Son musée possède, entre autres toiles précieuses, le *Rêve de bonheur*, de Papety. Nous recommandons aux visiteurs de Compiègne et des ruines de Pierrefonds l'*Hôtel de la Cloche*. Le château de Pierrefonds est un des plus formidables. Pierrefonds a été bâti vers le IXe siècle pour résister aux invasions des Normands. Rieux, espèce de brigand, mais homme de guerre habile, défendit longtemps cette forteresse contre Henri IV. Il songea même à enlever ce monarque dans un voyage qu'il fit à Compiègne ; mais son expédition manqua, et il fut pris et pendu.

XVIII. — ROUTE DE VINCENNES.

En sortant de la barrière du Trône, ainsi nommée parce que lors du mariage de Louis XIV avec Marie-

Barrière du Trône.

Thérèse d'Autriche on y éleva un trône, sur lequel Leurs Majestés reçurent les hommages des échevins, le voyageur fera bien de jeter un coup d'œil sur la double haie de maisons qui bordent la route, et d'y pénétrer même s'il tient à observer de près les mœurs de la population ouvrière de Paris. Qu'il entre surtout chez *Desnoyers*, le plus illustre gargotier de cette barrière célèbre par les gargotiers.

Du temps où les ambassadeurs faisaient encore des entrées solennelles, c'est ordinairement par la barrière du Trône qu'ils pénétraient dans Paris. Des appartements préparés les attendaient au couvent de Picpus, et c'était là que se formait leur cortége.

On se demande comment la commune de Paris put songer à cette barrière si vive, si gaie, pour y placer la guillotine à l'époque de la Terreur.

Les *jumelles-omnibus* du boulevard Beaumarchais, n° 10, et de la rue Amelot, n° 3, nous emportent; en trois quarts d'heure nous sommes à Saint-Mandé.

Saint-Mandé. — Au bout de l'avenue de Vincennes, presque à l'entrée du bois, s'élève ce gracieux village. Mandé est un saint bas-breton, dont les reliques furent transportées dans ce lieu par des moines de la Basse-Bretagne, qui le disaient fils d'un roi d'Irlande. Voilà tout ce que nous en savons.

Le surintendant Fouquet avait à Saint-Mandé une résidence, dans laquelle Louis XIV fit opérer la saisie des papiers qui servirent plus tard de base à l'acte d'accusation dressé contre lui. Le château de Fouquet est devenu un hospice. Boulard, tapissier de la reine Marie-Antoinette, dota également, un siècle plus tard, Saint-Mandé d'un hôpital. C'est dans le cimetière de ce village que sont déposés les restes d'Armand Carrel.

Viennent ensuite :

Château de Vincennes.

Vincennes. — En montant sur le trône en 1139, Louis le Jeune voulut se donner le luxe d'une maison de campagne, *regale manerium*, et trouva que Vincennes réunissait toutes les conditions désirables. Le château royal fut construit; les successeurs de Louis le Jeune l'accrurent et l'embellirent. C'est sous le règne de Philippe-Auguste que Vincennes fut entouré de murs. Le donjon date de la même époque. Philippe de Valois remplaça les anciens bâtiments par de nouvelles constructions que ses successeurs agrandirent encore. Louis XI aimait à y résider. Le premier, il fit du donjon une prison. Le château de Vincennes vit la mort de Charles IX et celle du cardinal Mazarin.

Louis XIV n'aimait pas Vincennes. Il ordonna cependant avant de mourir que le dauphin, alors âgé de quatre ans et d'une santé débile, y fût conduit après sa mort, pour qu'on purifiât Versailles du mauvais air qui y régnait. Esclave de l'étiquette jusqu'à ses derniers moments, Louis XIV se fit apporter le plan du château de Vincennes sur son lit de mort, et traça d'une main défaillante les logements de la cour, sous prétexte que Cavoie, grand maréchal des logis de la maison du roi, devait avoir oublié les usages suivis lors des voyages de la cour à Vincennes depuis trente-cinq ans qu'elle n'y avait pas été. Louis XV est donc le dernier qui ait habité Vincennes.

L'ancien château de plaisance de Louis le Jeune est aujourd'hui une place de guerre de premier ordre. Ce château, restauré sous le règne de Louis-Philippe, pour servir de résidence particulière au duc de Montpensier, joue un assez grand rôle dans l'histoire de France. Saint Louis l'habita, et c'est sous les chênes séculaires du parc royal que le pieux monarque, au dire du sire de Joinville, venait rendre la justice à ses sujets. Pendant les troubles de la Fronde, le prince de Condé fut enfermé dans le Donjon, où nous avons vu entrer, après le 15 mai 1848, MM. Raspail, Blanqui et Barbès. Le 20 mars 1804, le dernier descendant du grand Condé reçut le coup mortel dans les fossés du château, d'où ses restes furent exhumés après l'Empire pour être déposés au lieu même où sa condamnation fut prononcée, dans la salle du Conseil, métamorphosée en chapelle funéraire.

Un an, en effet, après la seconde rentrée des Bourbons, le 20 mars 1816, veille de l'aniversaire de la mort du duc d'Enghien, des fouilles furent pratiquées à l'endroit même où il fut fusillé et enseveli. Ces débris furent déposés dans une salle basse, où l'on dressa un autel, sur lequel un prêtre venait tous les jours dire la messe. Voici l'inscription tracée sur le cercueil du prince :

<pre>
                ICI
            EST LE CORPS
    DE TRÈS-HAUT, TRÈS-PUISSANT
 LOUIS-ANTOINE-HENRI DE BOURBON
           DUC D'ENGHIEN
          PRINCE DU SANG
          PAIR DE FRANCE
               MORT
            A VINCENNES
           LE 21 MARS
               1804
              A L'AGE
    DE 31 ANS 7 MOIS 18 JOURS.
</pre>

Vincennes forme un des principaux points stratégiques de la défense de Paris depuis la création des fortifications. Il est occupé par une garnison assez nombreuse, surtout en artillerie. Le polygone de Vincennes est un des plus beaux de toute l'Europe.

Parmi les prisonniers célèbres qui furent les hôtes du donjon, il faut citer encore Diderot, Mirabeau et les membres du ministère Polignac.

En 1819, une explosion de plusieurs poudrières renversa une partie du château ; les neufs tours qui le flanquaient furent démolies et rasées, hormis une seule. La chapelle fondée par Charles V en 1373 est un pur et charmant modèle de l'art gothique. Les vitraux ont été peints sur des dessins de Raphaël par Jean Cousin.

La capitainerie de Vincennes était une des plus recherchées de tous les environs de Paris sous l'ancienne monarchie, à cause de la grande quantité de gibier que renfermait le bois. Les derniers Bourbons y chassaient encore quelquefois. Aujourd'hui les réserves sont à peu près abandonnées. Les bois de Vincennes sont charmants, ils attirent un grand nombre de promeneurs, et par malheur aussi un grand nombre d'individus dégoûtés de la vie, qui viennent s'y pendre ou s'y brûler la cervelle. Du temps qu'on se battait encore en duel, le bois de Vincennes partageait avec le bois de Boulogne l'honneur d'être le théâtre de la plupart des rencontres. Les duels y sont plus rares aujourd'hui, mais le nombre des suicides s'accroît tous les jours.

Montreuil-sur-bois. — A voir Montreuil de loin, avec ses innombrables petits carrés de murailles où s'étalent les magnifiques espaliers qui produisent ces pêches savoureuses, orgueil et délices de la gastronomie parisienne, on le prendrait pour un vaste damier. Pierre de Montreuil, le grand architecte du temps de saint Louis, prit le nom de ce village où il naquit, et où Charles V, dit *le Sage,* fut baptisé.

Ce n'est pas seulement à la culture de la pêche que se livrent les habitants de Montreuil; tous les autres fruits sont également de leur domaine, et les expositions d'horticulture sont là pour témoigner des succès éclatants qu'ils obtiennent dans toutes les branches de la fructiculture. Montreuil est du reste une ville véritable : on y compte près de cinq mille habitants.

Nogent-sur-Marne — Sur la rive droite de la Marne, au sommet d'une colline dont le pied touche presque au bois de Vincennes, s'élève Nogent, entouré de ses mille villas parmi lesquelles brille celle que le financier Paris Duvernay fit bâtir à la fin du xviiie siècle.

Il y a dans le village une rue qui porte le nom de Chilpéric, en commémoration de ce roi qui possédait un château à Nogent.

Fontenay-sur-bois. — C'est un joli hameau adossé au bois de Vincennes ; il était célèbre autrefois par le voisinage du couvent des religieux de l'ordre des Minimes, qu'on désignait communément sous le nom de bonshommes. Fontenay-sur-Bois serait un délicieux séjour sans le voisinage du polygone et des casernes de Vincennes. Le bruit du canon et du tambour y fait taire trop souvent la voix des rossignols et des fauvettes; l'odeur de la poudre y remplace trop souvent celles des lilas et des aubépines.

Créteil. — Un acte de 666 porte qu'en vertu d'une donation du seigneur Ercombaldus, préfet dans les Gaules, le village de Créteil et toutes ses dépendances deviennent la propriété de l'église de Saint-Pierre à Paris. On voit que Créteil peut se vanter d'une antique origine. Créteil fut favorisé du séjour des rois de la première et de la seconde race ; Charles VI y fit construire un château pour sa maîtresse. Les évêques de Paris, à partir du cardinal de Belloy en 1545, y eurent une maison de campagne qui servit à la villégiature des prélats parisiens jusqu'à la Révolution. Cette habitation passa entre les mains du maréchal Serrurier, qui la transmit à ses héritiers. Créteil est aujourd'hui fort renommé par la grosseur des anguilles et des écrevisses que l'on pêche dans les nombreux étangs et pièces d'eau de ses environs.

Alfort. — En 1764, le ministre Bertin fonda l'*Ecole vétérinaire* d'Alfort, autrement dite *Ecole royale d'économie rurale.* La loi de germinal an III reconstitua cette institution sur des bases plus fortes, et éleva son enseignement à la hauteur où nous le voyons aujourd'hui. Cet enseignement comprend :

L'anatomie et la physiologie de tous les animaux domestiques. La connaissance extérieure des animaux, l'hygiène. La botanique, la chimie pharmaceutique, la matière médicale. L'art de forger, la maréchalerie, la jurisprudence vétérinaire. La théorie et la pratique des traitements des diverses maladies. L'économie rurale théorique et pratique.

Les professeurs titulaires sont suppléés par des professeurs-adjoints et par des répétiteurs.

La durée des cours est de huit années. Chaque régiment de cavalerie envoie un officier à l'École d'Alfort pour y suivre les études de l'établissement. Une portion des élèves est instruite aux frais du gouvernement; les autres paient une pension. Le ministre de l'intérieur, qui a l'école dans ses attributions, prononce en dernier ressort sur les admissions. Les boursiers sont reçus depuis l'âge de seize ans jusqu'à trente; les payants à tout âge.

L'École d'Alfort a une bibliothèque de zoologie domestique, un cabinet d'anatomie comparée, un cabinet de pathologie ouverts tous les jours au public; des hôpitaux où on reçoit les animaux malades moyennant une redevance de 2 francs et 2 francs 50 centimes par jour; des forges, un laboratoire de chimie, une pharmacie, un jardin botanique, des champs pour les essais de culture des fourrages, un rucher, un troupeau de bêtes à laine pour des expériences sur le croisement des races, un laboratoire et un amphithéâtre.

Les logements des élèves, des professeurs et des employés sont établis dans un château qui existait déjà en 1362 sous le nom de Harrefort.

En 1814, à l'époque de l'invasion, la maison d'Alfort fut transformée en citadelle par les élèves. Les murs du parc portèrent des créneaux. Le château soutint un siège en règle, et plusieurs de ses jeunes défenseurs payèrent de leur vie leur héroïque résistance aux armées de la coalition.

En juillet 1830, les élèves d'Alfort prêtèrent leur concours aux efforts de la résistance organisée dans Paris contre les ordonnances. Cette école, où le patriotisme égale la science, rend à l'agriculture nationale des services dont elle s'applaudit tous les jours.

Charenton. — Le pont de Charenton est sans contredit un des plus anciens de Paris, puisqu'en 865 les Normands le brûlèrent. Henri IV le traita sans plus de façon lors du siège de Paris chanté par Voltaire. La possession du pont de Charenton est d'une haute importance en temps de guerre, aussi voit-on ce passage chaudement disputé à l'époque de nos discordes civiles. La dernière reconstruction du pont de Charenton date de 1714.

Le principal temple des protestants avait été construit à Charenton d'après les dessins de Jacques de Brosse. Il fut détruit de fond en comble à l'époque de la révocation de l'édit de Nantes. Sur l'emplacement du temple on bâtit un couvent de sœurs du Saint-Sacrement, lequel couvent passa entre les mains des frères de la Charité, qui y recevaient les malades atteints d'aliénation mentale. Telle est l'origine de l'hospice actuel de Charenton, placé maintenant entre les mains du gouvernement.

Ce serait une histoire bien longue et bien triste que

celle de Charenton; l'espace nous manque pour l'essayer. Disons seulement que le marquis de Sade fut enfermé à Charenton sur un ordre du chef de l'État, qui le déclarait atteint et convaincu de folie.

L'hôpital de Charenton, à cause de son importance, mérite certainement une visite. Fondé en 1642 par Leblanc, il fut confié d'abord aux pères de Saint-Jean-de-Dieu. En 1830, les bâtiments anciens furent remplacés par ceux qui existent actuellement, et qui ont nécessité des travaux dont l'exécution n'a pas coûté moins de cinq millions. Les malades habitant cet hôpital sont au nombre d'environ quatre cents, et divisés en trois classes, suivant le prix de leur pension, qui est de 1,300, 1,000 et 750 fr.

Charenton se partage en deux communes, Charenton-le-Pont et Charenton-Saint-Maurice, qui porte le nom de son patron, le chef de la légion Thébaine.

Saint-Maur. — Village cher aux rapins, qui y établissent leur quartier général pour de là se répandre sur les rives de la Marne, dans le but d'y faire des études de paysage qui doivent produire une immense sensation au Salon; c'est aussi un des principaux ports de relâche des canotiers de la Marne, qu'il faut bien se garder de confondre avec ceux de la Seine.

On cite comme un remarquable ouvrage d'architecture hydraulique le canal de Saint-Maur, destiné à fournir d'eau les communes du canton de Vincennes et les hauteurs du faubourg Saint-Antoine. Ce canal, terminé en 1825, fut inauguré par la duchesse d'Angoulême. Saint-Maur date du XIIIe siècle. Il s'appelait alors Pomolini. On changea, en 1384, ce nom en celui de Saint-Maur. Les savants ne disent rien sur les causes de ce changement.

XX. — CHEMIN DE FER DE STRASBOURG.

Sur la ligne du chemin de fer de Strasbourg, dont l'embarcadère, le plus monumental de ceux de Paris, est situé à l'extrémité du boulevard de ce nom, près de la

Embarcadère du chemin de fer de Strasbourg.

Porte Saint-Martin, nous ne trouvons, dans un rayon rapproché de Paris, que Pantin, dont nous avons parlé précédemment, Rosny et le Raincy.

Rosny. — Le village de Rosny n'offre rien de remarquable ; il faut prendre un bateau et se faire conduire sur l'île de la Seine que l'on aperçoit en face du village.

C'est là que fut bâti le château où naquit Sully, le célèbre ministre de Henri IV.

La duchesse de Berry acheta en 1818 ce château et ses dépendances. Après l'assassinat de son mari, elle fonda un hôpital pour les malades des environs, inauguré en 1824. Le cœur du duc de Berry fut transféré à la même époque dans la chapelle de cet hospice, et déposé dans un cénotaphe sur lequel s'élève la statue de saint Charles Borromée. L'inscription suivante est tracée sur le piédestal :

ICI
EST DÉPOSÉ LE COEUR
DE
C. F. D'ARTOIS DUC DE BERRY
DIGNE FILS DE SAINT LOUIS
ET DU GRAND HENRY
IL EUT LA VALEUR ET LA VERTU
DE SON AUGUSTE RACE
PÈRE DES PAUVRES
APPUI DES MALHEUREUX
IL PÉRIT AVANT L'AGE
SOUS LE POIGNARD DES FACTIEUX
LE 14 FEVRIER 1820
SA MORT FUT HÉROIQUE

Des objets d'art et de curiosité fort rares rendaient le château de Rosny très-intéressant à visiter. Ses jardins dessinés à l'anglaise font l'admiration des connaisseurs en ce genre ; la terrasse qui domine le cours de la Seine offre un coup d'œil magnifique. Le château de Rosny devint, après 1830, la propriété d'un banquier anglais.

Le Raincy. — Le Raincy est connu par son château, qui a une physionomie des plus pittoresques. Malgré son apparence moderne, le Raincy a une origine reculée; sur son territoire s'élevait une abbaye de l'ordre de saint Benoit, qui, déjà ancienne sous saint Louis, fit place, au XVIIe siècle, à un château que Jacques Bordier, conseiller secrétaire du roi, construisit en y dépensant quatre millions. Après avoir passé en diverses mains, il devint la propriété du duc d'Orléans, grand-père du feu roi Louis-Philippe, et le théâtre des fêtes somptueuses où brillaient mesdames Tallien et Récamier. Ouvrard succéda au duc d'Orléans, qui en devint propriétaire une seconde fois, et y fit les divers changements connus sous les noms de la Vieille-Tour, du Rocher, du Chenil, de la Ferme, de l'Ermitage, du Village-Russe et du Vieux-Château. Après 1848, ayant fait retour au domaine de l'État, le château et le parc du Raincy ont été mis plusieurs fois en vente, et n'ont pas encore trouvé d'acquéreur.

XIX. — LES RIVIÈRES.

Huit rivières baignent les environs de Paris, et contribuent au charme et à la variété de leurs paysages.

Parlons d'abord de la Seine, à laquelle nous nous empressons de restituer le titre de fleuve, car après avoir pris sa source dans la forêt de Chanceaux, près du village de Saint-Seine, dans le département de l'Yonne, la Seine a l'honneur de se jeter dans l'Océan entre le Havre et Honfleur.

La *Seine* est, on pourrait le dire, le fleuve français par excellence, le fleuve littéraire; mais depuis que

Paris est devenu port de mer et que ses flots portent des vaisseaux de trois cents tonneaux, la Seine s'est posée en rivale commerciale de la Tamise.

Ce fleuve baigne la capitale de la France et quelques-unes de ses plus belles provinces, mais c'est à Paris surtout qu'il faut la voir sillonnée de barques, de canots, de bateaux à vapeur. La Seine est pour le Parisien la source de deux plaisirs dont il est fanatique, le canotage et la pêche à la ligne. Le canotier et le pêcheur à la ligne sont deux types d'une physionomie particulière, qu'on ne trouve dans tout leur éclat qu'à Paris, et qui contribuent pour le moins autant que ses artistes, ses poëtes, ses peintres, ses musiciens, à la gloire et à la renommée de cette grande ville.

La Seine, ce chemin qui marche, apporte à la capitale une notable portion des approvisionnements nécessaires à sa nourriture et à son chauffage.

La *Marne* est, après la Seine, la rivière la plus chère aux Parisiens. Champenoise de naissance, en quittant le *Haut-Bassigny*, où elle prend sa source, elle perd peu à peu ses airs campagnards pour venir coquettement s'unir à la Seine à Charenton. Les bois du Morvan, jetés dans les affluents de la Marne, viennent au fil de l'eau y former ces trains immenses que nous voyons s'engouffrer au commencement de l'été sous les ponts de Paris et s'échouer sur la rive où les attend la main robuste du débardeur.

Bordée de sites charmants et de ravissantes villas qui y mirent leurs ardoises grises, fertile en poissons, la Marne partage avec la Seine les sympathies du Parisien. Elle a des régates, des canotiers et des pêcheurs; quelques gourmets n'hésitent pas à mettre l'anguille et le barbillon de Marne bien au-dessus de ceux de Seine, et décident implicitement par cela même de la supériorité de la matelote de Joinville et de Charenton sur celle de Bercy ou de Saint-Cloud. Il ne nous appartient pas de nous prononcer sur cette importante question, c'est au lecteur à décider en toute connaissance de cause.

La *Bièvre* n'est qu'un ruisseau qui, après avoir baigné pendant huit lieues, de Guyancourt, dans les environs de Versailles, jusqu'à Paris, les campagnes les plus riches et les plus fertiles, les plus vertes prairies, les coteaux les plus gracieux, libre, indépendant, se livrant à toutes sortes de méandres, entre en domesticité dès qu'il se montre à Paris, et devient le valet à tout faire des blanchisseurs, tanneurs, brasseurs, corroyeurs et autres industriels des faubourgs Saint-Victor et Saint-Marcel.

Plusieurs poëtes ont célébré la Bièvre ; pour les comprendre, il faut bien se garder de voir la Bièvre à Paris.

L'*Oise* est tout à fait une rivière de province ; née dans les Ardennes, on la voit se diriger en toute hâte du côté de Paris, où cependant elle n'arrive jamais, même à distance de banlieue, comme la Marne. L'Oise se perd dans la Seine à une lieue au-dessus de Passy. Elle donne son nom à un département et une rime riche à Pontoise.

L'*Orge* naît à Dourdan et meurt dans la Seine à Atys ; un joli nom de ruisseau entre deux jolis noms de village.

L'*Yvette* est encore un nom charmant, et qu'on dirait inventé par un poëte de l'école de Racan ou de Segrais. Après avoir arrosé Chevreuse et Longjumeau, l'Yvette se jette dans l'Orge. Quel honneur pour cette dernière !

L'*Ourcq* vit Racine enfant jouer sur ses rives fleuries ; c'est à la Ferté-Milon, patrie de l'auteur d'*Athalie*, que l'Ourcq, d'abord faible ruisseau aux lieux qui le virent naître, c'est-à-dire à la Fère-en-Tardenois, devient navigable. Son métier est d'alimenter le canal de l'Ourcq et le canal Saint-Martin.

Maintenant, voyez-vous entre le hameau de La Briche et celui de la Maison-de-Seine, ce mince filet d'eau qui va se perdre dans la Seine? C'est la *Crould*, qui prend sa source à Gonesse et qui termine la nomenclature des rivières parisiennes.

Ici se termine aussi notre description des environs de Paris; quoique resserrée par les limites d'un cadre étroit, nous avons su la rendre aussi complète que possible, n'oubliant aucune localité importante, ni aucune de ces curiosités qui réclament une visite des étrangers.

FIN.

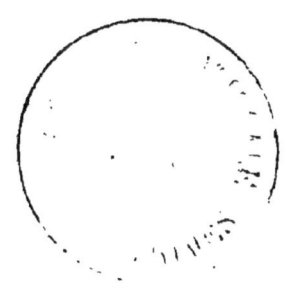

PARIS. — IMPRIMERIE J. CLAYE, RUE SAINT-BENOIT, 7.

TABLE DES MATIÈRES.

	Pages.
Alfort	174
Appartemements et Salles divers à Fontainebleau	100
Appartements (petits) de Versailles	39
Asnières	6
Aubervilliers	135
Auteuil	25
Avon	117
Bagneux	123
Bagnolet	131
Barbison	116
Beauregard	75
Belleville	129
Bellevue	21
Bercy	134
Bicêtre	120
Bièvre	125
Bougival	73
Boulogne (bois de)	71
Bourg-la-Reine	121
Brunoy	81
Cathédrale de Saint-Denis	138
Caveaux de la Cathédrale Saint-Denis	141
Celle Saint-Cloud (la)	75
Chaillot	24
Chaville	23
Chantilly	159
Chapelle-Saint-Denis (la)	134
Chapelle Saint-Saturnin à Fontainebleau	99
Chapelle de la Sainte-Trinité à Fontainebleau	99
Chapelle de Versailles	33

TABLE DES MATIÈRES.

	Pages.
Charenton	176
Château de Fontainebleau	82
Chatenay	124
Chevreuse	64
Choisy	127
Clamart	18
Compiègne	165
Corbeil	128
Courbevoie	8
Créteil	174
Dampierre	65
Description extérieure du Château de Fontainebleau	82
Écouen	148
Enghien	150
Ermenonville	155
Ermitage (l') de Rousseau	153
Fête des Loges	79
Fleury	18
Fontainebleau	81
Forêt de Fontainebleau	105
Galerie de Constantine à Versailles	36
Galeries de l'Empire à Versailles	42
Galerie de François Ier à Fontainebleau	97
Galerie de Henri II à Fontainebleau	95
Galerie et Salon de Diane à Fontainebleau	97
Galerie des voitures historiques à Versailles	43
Gonesse	149
Grand Escalier de Versailles	35
Grandes Eaux de Versailles	44
Histoire du Château de Fontainebleau	87
Ile Saint-Denis	146

TABLE DES MATIÈRES.

	Pages.
Ivry	126
Jardins et Parc de Fontainebleau	104
Juvisy	172
Lanterne Diogène à Saint-Cloud	14
Loges (les)	79
Madeleine (la)	117
Maison de Balzac à Ville-d'Avray	17
Maison de la Légion d'honneur à Saint-Denis	146
Maisons-Laffitte	80
Malmaison (la)	73
Marly le-Roi	73
Melun	82
Ménilmontant	132
Meudon	20
Montfaucon	133
Montmorency	152
Montreuil-sur-Bois	173
Mont-Valérien	8
Morfontaine	163
Musée de Versailles	30
Nanterre	71
Neuilly	71
Notre-Dame-des-Flammes	21
Pantin	132
Parc de Versailles	43
Passy	24
Petit-Bourg	128
Poissy	163
Pontchartrain	63
Port-Royal	63
Raincy (le)	179
Rambouillet	66

TABLE DES MATIÈRES.

Pages.

Romainville 131
Rosny 178
Rueil 72
Saint-Cloud 10
Saint-Cyr 61
Saint-Denis 136
Saint-Germain 76
Saint-Hubert 65
Saint-Mandé 169
Saint-Maur 177
Saint-Ouen 146
Salle de l'OEil-de-Bœuf à Versailles 40
Salle de l'Opéra à Versailles 33
Salle du Sacre à Versailles 41
Salon de la Paix à Versailles 41
Sceaux 122
Sèvres 21
Suresnes 8
Tapis-Vert (le) à Versailles 50
Thomery 109
Trappes 62
Trianons (les deux) 57
Vallée-aux-Loups 124
Vaugirard 18
Versailles 27
Ville-d'Avray 16
Villejuif 127
Villette (la) 129
Vincennes 170

www.ingramcontent.com/pod-product-compliance
Lightning Source LLC
Chambersburg PA
CBHW060518090426
42735CB00011B/2274